Claims, Slogans und Hashtags als Instrumente der strategischen Markenführung

Matthias Johannes Bauer · Dirk Jestaedt

Claims, Slogans und Hashtags als Instrumente der strategischen Markenführung

Grundlagen, Verwendung und relevantes Markenrecht

2., überarbeitete und erweiterte Auflage

Matthias Johannes Bauer
Fachbereich Kommunikation & Wirtschaft
IST-Hochschule für Management
Düsseldorf, Deutschland

Dirk Jestaedt
Krieger Mes & Graf v. der Groeben
Düsseldorf, Deutschland

ISBN 978-3-658-44878-3   ISBN 978-3-658-44879-0 (eBook)
https://doi.org/10.1007/978-3-658-44879-0

Die Deutsche Nationalbibliothek verzeichnet diese Publikation in der Deutschen Nationalbibliografie; detaillierte bibliografische Daten sind im Internet über https://portal.dnb.de abrufbar.

© Der/die Herausgeber bzw. der/die Autor(en), exklusiv lizenziert an Springer Fachmedien Wiesbaden GmbH, ein Teil von Springer Nature 2020, 2024
Die erste Auflage ist unter dem Titel „Claims und Slogans als Instrumente der strategischen Markenführung" in der Reihe „essentials" erschienen.
Das Werk einschließlich aller seiner Teile ist urheberrechtlich geschützt. Jede Verwertung, die nicht ausdrücklich vom Urheberrechtsgesetz zugelassen ist, bedarf der vorherigen Zustimmung des Verlags. Das gilt insbesondere für Vervielfältigungen, Bearbeitungen, Übersetzungen, Mikroverfilmungen und die Einspeicherung und Verarbeitung in elektronischen Systemen.
Die Wiedergabe von allgemein beschreibenden Bezeichnungen, Marken, Unternehmensnamen etc. in diesem Werk bedeutet nicht, dass diese frei durch jedermann benutzt werden dürfen. Die Berechtigung zur Benutzung unterliegt, auch ohne gesonderten Hinweis hierzu, den Regeln des Markenrechts. Die Rechte des jeweiligen Zeicheninhabers sind zu beachten.
Der Verlag, die Autoren und die Herausgeber gehen davon aus, dass die Angaben und Informationen in diesem Werk zum Zeitpunkt der Veröffentlichung vollständig und korrekt sind. Weder der Verlag noch die Autoren oder die Herausgeber übernehmen, ausdrücklich oder implizit, Gewähr für den Inhalt des Werkes, etwaige Fehler oder Äußerungen. Der Verlag bleibt im Hinblick auf geografische Zuordnungen und Gebietsbezeichnungen in veröffentlichten Karten und Institutionsadressen neutral.

Planung/Lektorat: Angela Meffert
Springer Gabler ist ein Imprint der eingetragenen Gesellschaft Springer Fachmedien Wiesbaden GmbH und ist ein Teil von Springer Nature.
Die Anschrift der Gesellschaft ist: Abraham-Lincoln-Str. 46, 65189 Wiesbaden, Germany

Wenn Sie dieses Produkt entsorgen, geben Sie das Papier bitte zum Recycling.

Vorwort

Jeder kennt Claims, Slogans und Hashtags. Kaum ein Element der Markenführung wird so viel im Alltag aufgegriffen und in der Alltagssprache rezipiert: Schon wieder Montag? – „Spaß ist, was Du draus machst" (Fanta). Claims und Slogans können sogar in den (Jugend-)Sprachschatz eingehen oder neue Redewendungen bilden, vielleicht „nicht immer, aber immer öfter" (Clausthaler alkoholfrei). Und Hashtags signalisieren auch in der Jugend- und Umgangssprache Hervorhebungen („Hashtag megakreisch" als Ausruf von Nena bei The Voice Of Gemany) oder auch als Verneinungs- und Ironiesignal hinter konkreten Aussagen („#nicht").

Von allen Elementen, die Marken ausmachen, begeistern mich vor allem die Claims, Slogans und Hashtags in ganz besonderem Maße. Sie sind einerseits auf das Minimum verkürzte, kondensierte, destillierte Aussagen über ihre Marken und damit in sich geschlossene sprachliche Kunstwerke, die in seltenen Fällen sogar lyrischen Charakter tragen.

Für mich als Germanist und Wirtschaftswissenschaftler sind diese pointierten Kernaussagen immer wieder aufs Neue spannende Untersuchungsobjekte. Sie sind ein Widerhall dessen, was mich in meiner wissenschaftlichen Laufbahn in beiden Fachdisziplinen gleichermaßen beschäftigt und begeistert hat: Claims, Slogans und Hashtags sind Zeugnis eines besonders kreativen und gleichzeitig anwendungsorientierten Umgangs mit Sprache.

Dieser Band über Claims, Slogans und Hashtags ist die zweite, umfangreich überarbeitete Auflage unseres Springer *essentials* „Claims und Slogans als Instrumente der strategischen Markenführung", das hauptsächlich auf meinen Vorlesungen und Lehrveranstaltungen im Fachbereich Kommunikation & Wirtschaft der IST-Hochschule für Management GmbH in Düsseldorf basierte. Für das Modul Produkt- und Markenmanagement, das Teil des Masterstudiengangs

Kommunikationsmanagements ist, wurden die hier verschriftlichten Ausführungen als Vorlesung erstellt. Sie gründen vor allem auf Ulrich Görgs monografischem, praxisorientiertem Buch aus dem Jahr 2005 (siehe Literaturverzeichnis). Seine Ansätze sind in dieser Publikation weitergedacht und weiterentwickelt worden. Wo nötig, wurden die Beispiele aktualisiert. Die zweite Auflage haben wir um den Themenbereich der Hashtags ergänzt, weil sich hier viele Anknüpfungspunkte und Parallelen zum Einsatz von Claims und Slogans eröffneten.

Rechtsanwalt Dr. Dirk Jestaedt hat dankenswerterweise die markenrechtlichen Aspekte im Zusammenhang mit dem Claiming und dem Hashtagging umfassend erörtert.

Ich danke Dipl.-Journ. Tim Müßle, der mich im Zusammenhang mit der ersten Auflage bei der Manuskripterstellung und bei Recherchen unterstützte, und Angela Meffert von Springer Gabler, die dem Manuskript erneut den letzten Schliff verpasst hat und das Buch wieder einmal mit bewundernswertem Einsatz und Engagement umgesetzt hat.

Düsseldorf   Matthias Johannes Bauer
Frühjahr 2024

Inhaltsverzeichnis

1 **Claims, Slogans und Hashtags in der Markenführung –
  Einführung und Grundlagen**.................................. 1
  1.1 Einleitung 1
  1.2 Claim, Slogan und Hashtag: Was ist was? 2
      1.2.1 Abgrenzung von Claims gegenüber Slogans 2
            1.2.1.1 Definitionen 2
            1.2.1.2 Untergruppen von Claims und Slogans 5
            1.2.1.3 Claims als Markennamen: Vor- und Nachteile .. 6
            1.2.1.4 Claims: prägnant, einprägsam, glaubwürdig
                    und einzigartig 7
      1.2.2 Hashtags als Markenpositionierungsaussagen einer
            Marke 4.0 8
      1.2.3 Zusammenfassung: Claims, Slogans und Hashtags
            als Markenpositionierungsaussagen 9
  Literatur 10

2 **Wirksame Claims in der Markenführung** 13
  2.1 Die Rolle der Marktforschung beim Claiming 13
  2.2 Marken und ihre Anforderungen an wirksame Claims 15
      2.2.1 Anlässe für das Claiming 15
      2.2.2 Entscheidend ist die Strategie 18
      2.2.3 Claims in Marketingkampagnen 20
      2.2.4 Qualitätsunterschiede von Claims 21
  2.3 Kategorisierungsmöglichkeiten von Claims 23

2.4 Netzdiagramm als Visualisierungsmodell: Werkzeug zur systematischen Analyse von Claims 25
Literatur 28

3 Der Prozess des Claimings 31
3.1 Entwicklung von Claims 31
    3.1.1 Strategie und Markenführung 32
    3.1.2 Anforderungen an einen Claim 32
    3.1.3 Das Briefing 35
    3.1.4 Nach dem Briefing 37
    3.1.5 Die Präsentation 38
    3.1.6 Fazit: Die zehn Schritte zur Entwicklung eines Claims 39
3.2 Sprachliche Dimensionen von Claims 40
    3.2.1 Wahl des Sprachsystems: eine strategische Entscheidung ... 40
    3.2.2 Sprachliche Stilmittel für Claims 42
    3.2.3 Case Study: Schlüsselwörter und Spitzenreiterwörter visualisieren und vermeiden 49
3.3 Wirkung von Claims 53
    3.3.1 Erfolgsfaktoren von Claims 54
    3.3.2 Claims in Spannungsfeldern 56
    3.3.3 Provokationen und Grenzen von Claims 58
3.4 Zusammenfassung: Markenführung mittels Claims als Branding-Element 61
Literatur 61

4 Hashtags im Markenmanagement 65
4.1 Claims und Hashtags: Einzigartigkeit versus Reichweite 65
4.2 Hashtags im politischen Aktivismus und im Marketing 67
    4.2.1 Shitstorms 67
    4.2.2 „Bashtags" 68
    4.2.3 Hashtag-Hijacking 68
4.3 Hashtag-Pool und stakeholderspezifische Selektion von Hashtags 69
    4.3.1 Kategorien von Hashtags im Content-Marketing 69
    4.3.2 Content Receiving Personas 69
    4.3.3 Aufbau eines stakeholderbasierten Hashtag-Pools 70
    4.3.4 Hashtag-Selektion im Stakeholder-Kontext 72
4.4 Hashtags in der Kampagnenführung 76
Literatur 77

Inhaltsverzeichnis

5 Markenrechtlicher Schutz von Claims, Slogans und Hashtags 79
   5.1 Allgemeines. 80
        5.1.1 Schutz für bestimmte Waren und Dienstleistungen 80
        5.1.2 Markenrechtlicher Schutz in Deutschland 81
        5.1.3 Markenrechtlicher Schutz in Europa 81
        5.1.4 Besonderheit Schweiz 81
        5.1.5 Parallele Markenanmeldungen 82
        5.1.6 Markenschutz durch „Benutzungsmarke" 82
   5.2 Voraussetzungen für markenrechtlichen Schutz 83
        5.2.1 Schutzhindernis der fehlenden Unterscheidungskraft 84
            5.2.1.1 Gewisse Originalität und Prägnanz 84
            5.2.1.2 Interpretationsaufwand 84
            5.2.1.3 Länge der Wortfolge 85
            5.2.1.4 Gebräuchliche Wortfolgen. 85
            5.2.1.5 Bewertung 86
        5.2.2 Schutzhindernis „Freihaltebedürfnis" 86
   5.3 Claims mit Marken- oder Firmenbestandteilen. 87
   5.4 Claims mit grafischen Elementen 87
   5.5 Besonderheiten bei Hashtags 88

6 Der Schutz von Claims und Hashtags vor Nutzung durch Dritte 91
   6.1 Rechtserhaltende Benutzung. 91
   6.2 Benutzung durch Kunden 93
   6.3 Schutz bei Verwechslungsgefahr. 93
   6.4 Der Schutz bekannter Marken. 95
   6.5 Die beschreibende Verwendung eines Claims oder Hashtags. 97
   6.6 Die Benutzung von Hashtags 97

7 Alternative Schutzformen für Claims und Hashtags 99
   7.1 Urheberrechtlicher Schutz. 99
   7.2 Wettbewerbsrechtlicher Schutz. 100
   7.3 Eintragung von Domains für Claims. 100

8 Irreführung durch Claims und Hashtags 103
   8.1 Irreführende Alleinstellungs- beziehungsweise
       Spitzenstellungsbehauptung. 103
   8.2 Weitere Irreführungen. 104

9 Fazit 105

Claims, Slogans und Hashtags in der Markenführung – Einführung und Grundlagen

Zusammenfassung

Marken bilden im Kopf der Konsumenten das zentrale Vorstellungsbild (Image) über Unternehmen, deren Produkte und Dienstleistungen (Lies 2016, S. 124). Die einzelnen Gestaltungsparameter werden üblicherweise als „Markenelemente" (Englisch: *Brand elements*) bezeichnet; Baumgarth (2014, S. 261–272) bevorzugt den Begriff „Brandingelemente", während Meffert et al. (2013) lieber von „Markenleistungselementen" sprechen. Zu diesen Markenelementen gehören unter vielem anderem insbesondere Parameter wie Markennamen und Wort-/Bildmarken, Logos und Claims beziehungsweise Slogans (Kilian 2010).

1.1 Einleitung

Marken bilden im Kopf der Konsumenten das zentrale Vorstellungsbild (Image) über Unternehmen, deren Produkte und Dienstleistungen (Lies 2016, S. 124). Die einzelnen Gestaltungsparameter werden üblicherweise als „Markenelemente" (Englisch: *Brand elements*) bezeichnet; Baumgarth (2014, S. 261–272) bevorzugt den Begriff „Brandingelemente", während Meffert et al. (2013) lieber von „Markenleistungselementen" sprechen. Zu diesen Markenelementen gehören unter vielem anderem insbesondere Parameter wie Markennamen und Wort-/Bildmarken, Logos und Claims beziehungsweise Slogans (Kilian 2010). Das Markenmanagement mittels Claims, Slogans und Hashtags steht im Folgenden im Fokus. Innerhalb des Reigens der Branding-Elemente sind diese drei Elemente die sogenannten Markenpositionierungsaussagen.

1.2 Claim, Slogan und Hashtag: Was ist was?

1.2.1 Abgrenzung von Claims gegenüber Slogans

1.2.1.1 Definitionen

In der Marketingliteratur verwendet man üblicherweise den Begriff „Claim"; das kommt vom englischen „to claim", deutsch: „etwas für sich beanspruchen" (Lies 2016, S. 33). Claim wird teils synonym mit dem Begriff Slogan benutzt; das wiederum kommt aus dem Gälischen und bedeutet etwa „Schlachtruf" (Lies 2016, S. 197). Dem historischen Slogan als eine Art Zauberspruch unterstellen Kulturhistoriker, er sei „der magische Untergrund des Marketing" (Mühlpfordt 2016).

Jan Lies, Professor für Unternehmenskommunikation und Marketing, definiert in seinem „Kompakt-Lexikon PR" die beiden Begriffe folgendermaßen: Der Claim

> „beschreibt als kompakter begrifflicher Zusatz zur Marke den Markenkern eines Unternehmens als Leistungsanspruch (von englisch ‚claim', beanspruchen) mit dem Ziel der Erklärung des Logos, der Aufmerksamkeitssteigerung, Identifikation und/oder Wiedererkennung. Er wird oft mit dem Slogan gleichgesetzt, jedoch gilt dieser oft als temporärer, auf Kampagnen bezogener Ausspruch." (Lies 2016, S. 33)

Der Slogan dagegen ist bei Lies begrifflich festgelegt als

> „oft abbindender Ausspruch einer Werbung, der im Gegensatz zum Claim eher temporär genutzt wird, mit dem Ziel, Botschaften prägnant, pointiert zu transportieren. Slogans enthalten oft Imagemerkmale, Haltungen, Handlungsaufforderungscharakter oder Leistungsversprechen." (Lies 2016, S. 197)

Bernd M. Samland grenzt die beiden Begriffe aus der Warte eines Markenagenturinhabers wie folgt voneinander ab:

> „Der Werbetexter spricht in der Regel von einem ‚Claim' (engl. Behauptung, Ausspruch), wenn er eine werbliche Kernbotschaft meint. […] Die Begriffe Claim und Slogan werden heute teils synonym verwendet, wenn es auch Nuancen in den Bedeutungen gibt. So ordnet der Experte Slogans häufiger der direkten Kundenansprache und den Werbeüberschriften zu, während der Claim eher den strategischen Kerngedanken einer Marke ausdrücken soll, der meist eng an den Markennamen angebunden wird. Ein solcher Claim wirkt immer positionierend, er soll zur Bildung des gewünschten Images beitragen und die Marke von anderen unterscheidbar machen." (Samland 2011, S. 9–10)

Mit dieser begrifflichen Gegenüberstellung differenzierte Samland eine frühere Definition stärker aus:

1.2 Claim, Slogan und Hashtag: Was ist was?

„[...] in der Regel spricht der Volksmund von Werbeslogan und der professionelle Werber von Claim – und beide meinen das Gleiche. In Ermangelung eines eingeführten deutschen Begriffs muss also der ‚Claim' dafür herhalten, was eine Marke ‚beansprucht'; er ist somit das direkteste Mittel der Positionierung nach dem Markennamen." (Samland 2006, S. 114)

Ebenfalls aus der Perspektive des Praktikers, nämlich eines Marketers und Inhabers einer Beratungsfirma, definiert Ulrich Görg die beiden Begriffe:

„Der Slogan bezeichnet einen kurzen, prägnanten Werbetext, der für eine Produktmarke oder eine Unternehmensmarke eingesetzt wird. Slogans sollen sachlich-beschreibende oder emotionale Botschaften so transportieren, dass die Verbindung zwischen der Marke und ihrer Leistung verstärkt wird." (Görg 2005, S. 9)

„Im Marketing wird Claim als schlagwortartiger Werbeanspruch aufgefasst, der als Bindeglied von Kommunikationsmaßnahmen fungiert und in anregender Form den Kernaspekt einer Werbeaussage kennzeichnen und Stimmung und Wertgefüge bestimmter Zielgruppen treffen soll. Vielfach werden Slogan und Claim synonym verwendet. Die Abgrenzung ist letztlich Geschmackssache." (Görg 2005, S. 10)

Nina Janich, Germanistikprofessorin für Deutsche Sprachwissenschaft und Grande Dame der Werbesprache im deutschsprachigen Raum, bevorzugt als ein Element der Bausteine von Werbung den Begriff „Slogan":

„Das Hauptmerkmal des Slogans besteht in seiner Funktion, die Wiedererkennung eines Produkts, einer Marke oder eines Unternehmens zu ermöglichen und zu stärken und dabei imagebildend zu wirken [...]. Dies kann er nur, weil er wiederholt wird und sich daher in allen Anzeigen zu einem Produkt beziehungsweise einer Marke beziehungsweise einem Unternehmen findet. Da er anzeigen- und meist auch medienübergreifend eingesetzt wird, kann er nicht zugleich den konkreten Inhalt einer einzelnen Anzeige zusammenfassen." (Janich 2013, S. 59–60)

Bezug nehmend auf den Werbetexter Achim Zielke (1991, S. 85) unterscheidet sich der „Slogan vom Anzeigenabbinder Claim. Der Claim ist ein Textelement, das im Unterschied zum Slogan keinen Wiederholungscharakter besitzt." (Janich 2013, S. 59–60) Diese Art der Definitionen ist im Gegensatz zum Marketing und den Wirtschaftswissenschaften in der (Werbe-)Sprachwissenschaft verbreitet (Sulikan 2012, S. 59–61).

Marcus Stumpf, Professor für Betriebswirtschaft, insbesondere Marketing und Markenmanagement, macht aus der Not der schon beinahe apodiktisch anmutenden Begriffsdefinitionen eine Tugend, indem er die unterschiedlichen Definitionen darlegt und gegenüberstellt:

Als Wort aus dem Gälischen für „Heergeschrei" habe „der Slogan seine Bedeutung von einst nur wenig geändert: Aus ‚Schlachtruf' beziehungsweise ‚Feldgeschrei' wurde über ‚Marktgeschrei' schließlich ‚Wahlspruch', ‚Losung' oder ‚Schlagwort'. Als formale Kennzeichen des Slogans beschreibt Janich[1] seine relative Kürze und die häufige Integration des Produkt-, Marken- oder Firmennamens sowie seine visuelle Kombination mit dem Firmenlogo in Werbeanzeigen oder anderen Kommunikationsmitteln. [...] Zudem ist die Bezeichnung Slogan in der Werbepraxis diejenige, die weltweit verstanden und am häufigsten verwendet wird." (Stumpf 2009, S. 140)

„Die Bezeichnung Claim hat sich demgegenüber ausschließlich im deutschsprachigen Raum seit den 1980er-Jahren als Fachbegriff der Werbebranche etabliert. Im Englischen eigentlich die Bezeichnung für einen Anspruch beziehungsweise Anteil an einem Goldgräberunternehmen, wird der Claim im Marketing als schlagwortartiger ‚Werbeausspruch' aufgefasst, der als Bindeglied von Kommunikationsmaßnahmen fungiert." (Stumpf 2009, S. 140, bezugnehmend auf Behrens 2001, S. 89)

„Wurl stellt entsprechend heraus, dass sich ein Slogan in der Kommunikation auf das Produkt bezieht und folglich der Produktwerbung dient, ein Claim hingegen im englischen Sprachraum einen Rechtsanspruch bezeichnet, welcher aber lediglich von einem Unternehmen erhoben werden kann. Dementsprechend dient ein Claim der Unternehmenswerbung. Aufgrund dieser Definition sind Slogan und Claim nur anhand ihres Kontextes zu differenzieren: ‚Verführung aus Cacao' (Azuco) bezeichnet man demnach als einen Slogan und ‚Hoffentlich Allianz-versichert' (Allianz) als einen Claim. [...] Aufgrund der dargestellten mangelnden Abgrenzung werden Slogan und Claim vielfach synonym verwendet." (Stumpf 2009, S. 140–141, bezugnehmend auf Wurl 2003)

Die Differenzierung beider Begriffe anhand des Kontexts erscheint deshalb als sinnvollste Herangehensweise. Den hier dargestellten Ausführungen liegen folgende Definitionen zugrunde, die sich mittels einer Eselbrücke auseinanderhalten lassen:

- Ein Slogan ist ein sprachliches Instrument (im Sinne eines „Ausrufs") für die direkte Kundenansprache über Werbeüberschriften oder Ähnliches.
- Der Markenclaim dagegen kommuniziert den strategischen Kerngedanken einer Marke (also das, was das Unternehmen für die Marke „beansprucht"). Er wirkt in seiner Pointiertheit also positionierend und im eingangs erwähnten Sinne imagebildend.

Zur Definition und Verwendung der Begriffe Claims und Slogan muss man wissen: Ausschließlich die deutschsprachige Marketingliteratur unterscheidet zwischen den Bran-

---

[1] Janich 2005, S. 49.

ding-Elementen Claim und Slogan. Weder die deutschsprachige Werbesprachenforschung als Teilbereich der Germanistik noch die rechtswissenschaftliche Literatur (wie auch hier im Buch) und vor allem auch nicht die internationale, englischsprachige Fachliteratur differenzieren üblicherweise zwischen Claims und Slogans, sondern benutzen für beide Branding-Elemente den Begriff Slogan.

1.2.1.2 Untergruppen von Claims und Slogans

Neben den sogenannten Markenclaims oder auch „Corporate Claims" gibt es Produkt- oder Kampagnenclaims, die üblicherweise zeitlich begrenzt sind und meistens für neue Produkte oder Leistungen verwendet werden. Üblicherweise spielt der Kampagnen-Claim eine Rolle bei der Einführung neuer Produkte oder bei einem neuen Leistungsangebot, das ein Unternehmen kommunizieren will. Gleichzeitig ist die Aussage eines Kampagnen-Claims in der Regel nicht fester Bestandteil des Markenauftritts (Janich 2013; Samland 2006, 2011; Stumpf 2009; Görg 2005). Samland (2006, S. 114–115) differenziert die Claims in die in Tab. 1.1 dargestellten Arten.

Samland nennt als weitere Sonderform „politische und/oder non-com[m]ercial Claims" (Samland 2006, S. 115); einer solchen Behauptung läge aber die Annahme zu Grunde, dass zur Markenführung im öffentlichen oder sozialen Sektor keine Claims im eigentlichen Sinne verwendet würden oder es in diesen Sektoren keine Dachmarken, Submarken oder Kampagnen gäbe. Dem ist selbstverständlich nicht so, auch wenn der öffentliche oder der soziale Sektor im Marketing durchaus ihre Spezifika und Besonderheiten haben (Wesselmann und Hohn 2017; Radtke 2013; Bruhn 2012).

Es wird nicht immer gelingen, zwischen den genannten Begriffen eine eindeutige Trennlinie zu ziehen. Ein Marken-Claim kann beispielsweise stark an den Produktnamen (Markennamen) anknüpfen. Es kann hierbei sogar zu Überschneidungen kommen, wofür es einige wenige, aber durchaus prägnante Beispiele gibt, die im Folgenden dargestellt und eingeordnet werden.

Tab. 1.1 Kategorien von Claims. (Samland 2006, S. 114–115)

Kategorie	Einsatz	Beispiel
Dachmarken-Claim oder Corporate Claim	Langfristiger Einsatz	„Vorsprung durch Technik" (Audi)
Produkt-Claim oder Submarken-Claim	Mittelfristiger Einsatz	„Driven by Instinct" (Audi TT 2003)
Kampagnen-Claim	Kurzfristiger Einsatz	„Erster mit quattro" (Audi-Print-Kampagne 2005)
Einführungsclaims (Sonderform)		„Vom Erfinder des Quattro" (Audi Q7 2006)

1.2.1.3 Claims als Markennamen: Vor- und Nachteile

Wenn man sich vor Augen führt, dass in Deutschland im Jahr 2021 laut Deutschem Patent- und Markenamt (DPMA o. J.) über 880.000 Marken gelistet waren und es jährlich mehr werden, dann wird schnell klar: Die Möglichkeiten, neue Markennamen zu erschaffen, werden immer weniger. Und dass üblicherweise auch die gleichlautende Domain in Anspruch genommen wird, verengt die Möglichkeiten weiter. Deshalb haben ein paar Unternehmen zu einem Trick gegriffen und nutzen einen Claim als Markennamen. In solchen Fällen können dann also bis zu vier Branding-Elemente identisch sein: Markenname, Claim, Hashtag und Domain.

Beispiele für solche Marken sind (Bauer und Rietz 2022):

- „Stop The Water While Using Me!" ist eine Kosmetikmarke aus Hamburg, die im Jahr 2011 gegründet wurde (*stop-the-water.com*; *#stopthewaterwhileusingme*).
- „I Can't Believe It's Not Butter" ist eine Margarine, die 1981 in den USA eingeführt wurde (*icantbelieveitsnotbutter.com*; *#ICantBelieveItsNotButter*).
- „Hands Off My Chocolate" ist seit dem Jahr 2013 eine belgische Schokolade (*hands-off.com*; *#handsoffmychocolate*).
- Unter dem Markennamen „Boxed Water is Better" wird in den USA seit dem Jahr 2009 Wasser in Getränkekartons vertrieben (*boxedwaterisbetter.com*; *#boxedwaterisbetter*).

In ihrer Untersuchung dieser vier Claims als Markennamen kommen Bauer und Rietz (2022) zu einem interessanten Ergebnis: Als Claims funktionieren solche diese kreativen Schöpfungen durchaus. Doch auch wenn solche Markennamen im Wettbewerb gut unterscheidbar von anderen Marken sind, resultieren sie vor allem aus einer kreativen Not, „die der steigenden Anzahl an eingetragenen Marken und Domains entspringt" (Bauer und Rietz 2022, S. 73).

Es lassen sich einige Für und Wider gegeneinander abwägen. So gilt beispielsweise Einfachheit als eine der Anforderungen an erfolgreiche Markennamen. Und die ist hier schon allein aufgrund der Länge der einzelnen Formulierungen von Markennamen aus mehreren Wörtern umfassenden Claims nicht gegeben. Gleichzeitig können sich derart prägnante Formulierungen positiv auf die Wahrnehmung auswirken. Einfachheit ist aber auch eine Anforderung an wirksame Claims, wie in Abschn. 2.2 noch dargelegt wird. Und hier können diese kurzen Phrasen durchaus punkten. (Bauer und Rietz 2022)

Eines lässt sich jedoch klar resümieren: „Zum Deonym wie Tempo für Papiertaschentücher taugen solche Markennamen keinesfalls – und einen Claim als

1.2 Claim, Slogan und Hashtag: Was ist was?

Tab. 1.2 Claims von „Du darfst" im Laufe der Zeit. (Quelle: www.slogans.de, 28.02.2024)

Marke	Claim/Slogan	Jahr
Du darfst	*Du darfst* spart Kalorien und schmeckt	1960
Du darfst	Hier ist die neue für Brot. Nur fürs Brot	1974
Du darfst	Die schmeckt. Und ist nur halb so fett	1974
Du darfst	Gesünder durch weniger Kalorien	1975
Du darfst	Ich will so bleiben wie ich bin	1978
Du darfst	Hilft überflüssige Kalorien sparen	1980
Du darfst	Essen nach Maß	1980
Du darfst	Für Kalorienbewußte	1982
Du darfst	Keine Kalorie zuviel	1985
Du darfst	Alles was mir schmeckt	1987
Du darfst	Meine Art zu Leben	1990
Du darfst Die Leichte	Mehr Genuss pro Kalorie	1993
Du darfst	Essen, was gut tut	1995
Du darfst	*Du darfst* ist Körperpflege von innen	1997
Du darfst	Fühl Dich gut, so wie Du bist	2005
Du darfst	Verlieb dich neu. In dich	2007
Du darfst	Fuck the diet!	2012
Du darfst	Diät – ohne mich!	2012

Markenname wird kaum jemand auf seinem Einkaufszettel in Gänze notieren." (Bauer und Rietz 2022, S. 73)

Ob die Margarine „Du darfst" – wie Samland (2006, S. 121) unterstellt – ebenfalls zur Gruppe von Produkten zählt, bei denen Markenname gleich Claim ist, ließe sich diskutieren. Denn eine Übersicht über die „Du darfst"-Claims zeigt, dass der Markenname bestenfalls den Slogan abrundet oder semantisch ergänzt (Tab. 1.2). Im bekannten Beispiel „Ich will so bleiben wie ich bin. Du darfst" lässt es sich allenfalls darüber streiten, ob der Markenname als Teil des Claims zu betrachten ist. Tatsächlich sind hier üblicherweise Name und Claim zweierlei kreative Schöpfungen.

1.2.1.4 Claims: prägnant, einprägsam, glaubwürdig und einzigartig

Wenn Claim und Markenname nicht identisch sind – und das ist sicherlich der absolute Regelfall –, dann ist es von großer Bedeutung, immer eine möglichst große Harmonie zwischen Claim und Marke herzustellen. Eine inhaltliche Differenz, Diskrepanz oder auch Dissonanz zwischen Claim und Marke würde sich kontraproduktiv auswirken und so die Marke unglaubwürdig machen.

Aus Sicht des Markenmanagements gibt es folgende Anforderungen an wirksame Claims (Samland 2006; Görg 2005): Sie sollten

- prägnant,
- merkfähig und
- glaubwürdig sein.

Und zu ergänzen ist hier noch: Claims sollten darüber hinaus auch einzigartig im Sinne des Alleinstellungsmerkmals (Unique Selling Proposition, kurz: USP) sein, um eine Marke erfolgreich und wirksam zu positionieren.

Beispiele: Online-Versandapotheken und Wirtschaftsförderungen

Online-Versandapotheken agieren disruptiv am Markt und in ihrer Branche. Denn anders als stationäre Apotheken sind sie überregional aktiv, um ihre Zielgruppe anzusprechen. Eine Untersuchung hat gezeigt: Eine differenzierte Markenführung findet zumindest, was die Verwendung von Claims angeht, nicht statt. Online- und Versandapotheken grenzen sich kaum voneinander ab. Die Claims, mit denen sie ihre Marke und ihr Alleinstellungsmerkmal kommunizieren, sind nahezu identisch, beispielsweise „Ihre Versandapotheke" (Apobiene, Apotal und Medipolis), „Ihre VersandApotheke" (Apo-Rot), „Die Versand-Apotheke" (Mycare), „Die Versandapotheke" (Sanicare) und so weiter. (Bauer und Zinnöcker 2021)

Bei der Untersuchung der Claims der Wirtschaftsförderungen der 30 wirtschaftsstärksten Städte Deutschlands zeigte sich ein ähnliches Bild: Insgesamt sehr ähnliche Botschaften, wenige einzigartige Claims. In den 13 Claims – nicht alle Wirtschaftsförderungen hatten überhaupt einen – wiederholten sich Begriffe wie Wirtschaft oder Wirtschaftsstandort und Partnerin oder Partner, oft in Kombination. Dabei wäre gerade hier eine Alleinstellung sehr einfach zu erreichen, indem ein Bezug zum Standort hergestellt wird. Doch nur in nur zwei Fällen nannten den Claims auch den konkreten Städtenamen, beispielsweise in „Ulm. Neu-Ulm. Der Wirtschaftsstandort". (Bauer und Exner 2021) ◄

1.2.2 Hashtags als Markenpositionierungsaussagen einer Marke 4.0

Der Hashtag hat eine steile Karriere als Phänomen der digitalen Kommunikation erlebt. Das gilt sowohl im Zusammenhang mit politischem Aktivismus als auch im Mar-

1.2 Claim, Slogan und Hashtag: Was ist was?

keting als Branding-Element, und das besonders von zeitgemäßen, auch für die digitale Nutzung aufgestellten Marken, sogenannten Marken 4.0. (Bauer und Goetz 2020) „Unter Marke 4.0 verstehe ich", so Markenpapst Franz-Rudolf Esch, „eine zukunftsfähige Marke für das digitale Zeitalter, die die Klaviatur der Digitalisierung und der Künstlichen Intelligenz spielt und mit der realen Welt verknüpfen kann" (Esch 2020). Die Welt der digitalen Kommunikation und damit auch die digitale Markenführung erweiterte den klassischen Reigen der Branding-Elemente um neue Möglichkeiten wie beispielsweise den Hashtag. Er gehört heute völlig gleichberechtigt zu dieser Gruppe und gehört zur Untergruppe der Markenpositionierungsaussagen (Bauer und Goetz 2020), die in diesem Buch im Fokus stehen.

Der Hashtag als Kompositum leitet sich ab von den beiden englischsprachigen Begriffen „hash" (deutsch: Raute) und „tag" (deutsch: Markierung). Denn in seiner ursprünglichen Funktion bezeichnet der Hashtag einen zur Schlüsselwortsuche innerhalb von sozialen Medien hervorgehobenen, „getaggten" Begriff (Lies 2016). Das bedeutet: Unternehmen und Marken können (auch) mittels Hashtags gesucht, gefunden und es kann ihnen mit ihrer Hilfe sogar gefolgt werden. Mit Hilfe von Hashtags können Menschen über solche Marken sprechen, positiv wie negativ. Gerade mit letzterem verbindet die Öffentlichkeit den Begriff des Shitstorms als Sturm der digital kommunizierten Empörung (Bauer und Goetz 2020).

Hashtags sind allgegenwärtig und funktionieren überall, auch in der analogen Welt. Zu nennen sind hier Beispiele wie nicht-klickbare Hashtags auf Printmotiven aller Art, als 3D-Modelle und vieles mehr. In der analogen Welt kann der Grad der Digitalität im praktischen Gebrauch folglich in Abstufungen variieren und häufig überhaupt nicht mehr vorhanden sein. Deshalb sollte man im Zusammenhang mit Hashtags – das sei hier der Vollständigkeit halber kurz erwähnt – nicht von deren Digitalität, sondern von deren Digitalizität sprechen (nach Wilke 2022, S. 293 „bezeichnet der Term Digitalizität das Digitalsein digitaler Phänomene"). Warum ist das hier von Bedeutung? Gerade im Marketing und der Markenführung ist stets im Hinterkopf zu behalten: Hashtags sind „Grenzgänger sowohl in analogen als auch in digitalen Markenwelten" (Bauer 2023, S. 432). Deshalb sind auch rein analog gesetzte Hashtags stets „von einer Aura des Digitalen umgeben" (Bauer 2023, S. 431).

1.2.3 Zusammenfassung: Claims, Slogans und Hashtags als Markenpositionierungsaussagen

Markenpositionierungsaussagen sind prägnante Darstellungen der Kernwerte und der Einzigartigkeit einer Marke. Eine solche Markenpositionierungsaussage versucht folglich, die Zielgruppe, das Nutzenversprechen, den Einzigartigkeitsfaktor

1 Claims, Slogans und Hashtags in der Markenführung – Einführung und …

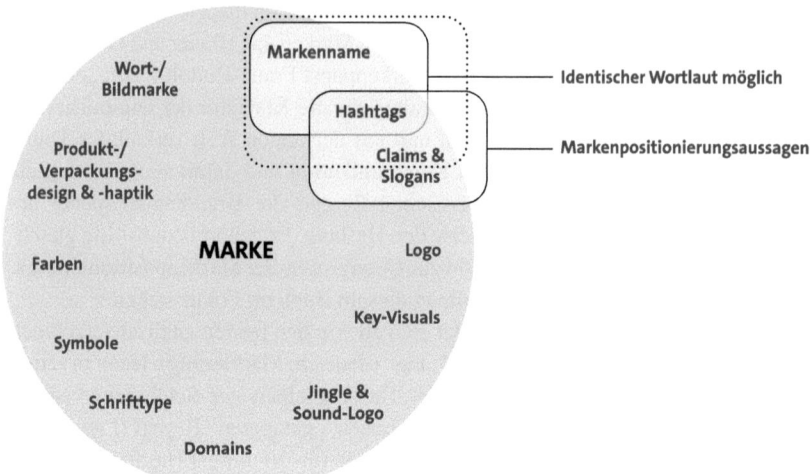

Abb. 1.1 Beispiele für Branding-Elemente

und den passenden Ton in einem prägnanten (Halb-)Satz zu formulieren. Alle drei vorgestellten Branding-Elemente – Slogans, Claims und Hashtags – dienen als konkrete Ausdrucksformen einer solchen Aussage und sind integraler Bestandteil der Markenkommunikation. Sie bieten eine knappe, leicht merkbare Möglichkeit, die Identität und den Wert einer Marke zu vermitteln. Diese kurzen Formulierungen schaffen Wiedererkennung und sind ein wichtiger Bestandteil eines kohärenten Markenimages. Markenname, Hashtag und sogar der Claim können in bestimmen Fällen gleichlautend mit dem Markennamen sein (siehe Abschn. 1.2.1.3 und Abb. 1.1). Das heißt aber nicht, dass sie nicht unterschiedliche Anforderungen mit sich bringen würden (siehe Abschn. 2.2). Deshalb gilt: Vor dem Einsatz sollte immer strategisch überlegt, geprüft und abgewogen werden. Dabei sollen die folgenden Ausführungen einige Hilfestellungen geben.

Literatur

Bauer, Matthias Johannes (2023) Hashtags und ihre Digitalizität: Branding-Elemente der Marke 4.0 als Grenzgänger in analogen und digitalen Markenwelten, in: Nielsen, Martin, Ditlevsen, Marianne Grove, und Pedersen, Anne Grethe Julius (Hrsg.), Werbung und PR im digitalen Zeitalter. Grenzen, Übergänge und neue Formate, Wiesbaden: Springer VS (= Europäische Kulturen der Wirtschaftskommunikation, 34)

Literatur

Bauer, Matthias Johannes, und Exner, Alida (2021): Wirtschaftsförderungen setzen auf Seriosität, in: Public Marketing 1–2/2021, S. 22–24

Bauer, Matthias Johannes, und Goetz, Miriam (2020): Hashtags als Branding-Elemente der Marke 4.0, in: transfer – Zeitschrift für Kommunikation und Markenmanagement, 66 (3), 52–55

Bauer, Matthias Johannes und Rietz, Fredericke (2022): Claims als Markennamen: Genial oder sperrig?, in: transfer – Zeitschrift für Kommunikation und Markenmanagement, 68 (2), 70–73

Bauer, Matthias Johannes; Zinnöcker (2021) Bauer, Matthias Johannes und Zinnöcker, Lena (2021): Markenpositionierung von Online- und Versandapotheken mittels Claims, in: transfer – Zeitschrift für Kommunikation und Markenmanagement, 67 (1), S. 75–79

Baumgarth, Carsten (2014): Markenpolitik. Markentheorien, Markenwirkungen, Markenführung, Markencontrolling, Markenkontexte. 4. Auflage. Wiesbaden: Springer Gabler.

Behrens, Gerold (Hrsg.) (2001): Gabler Lexikon Werbung. A – Z. Wiesbaden: Gabler.

Bruhn, Manfred (2012): Marketing für Nonprofit-Organisationen. Grundlagen – Konzepte – Instrumente. 2. Auflage. Stuttgart: Kohlhammer.

DPMA (o. J.). Aktuelle Statistiken: Marken. Abruf unter: https://www.dpma.de/dpma/veroeffentlichungen/statistiken/marken/index.html (12.12.2023)

Esch, F-R. (2020): Marke 4.0. Wie Unternehmen zu digitalen Markenchampions werden. München: Vahlen.

Görg, Ulrich (2005): Claims. Claiming als Wertschöpfungsinstrument der Markenführung. Offenbach: Gabal.

Janich, Nina (2013): Werbesprache. Ein Arbeitsbuch. 5. Aufl. Tübingen: Narr.

Kilian, Karsten (2010): Was sind Markenelemente. In: Absatzwirtschaft (8), S. 58.

Lies, Jan (2016): Kompakt-Lexikon PR. 2.000 Begriffe nachschlagen, verstehen, anwenden. 1. Aufl. 2016. Wiesbaden: Springer Fachmedien Wiesbaden.

Meffert, Heribert; Burmann, Christoph; Koers, Martin (Hg.) (2013): Markenmanagement. Identitätsorientierte Markenführung und praktische Umsetzung: mit Best Practice-Fallstudien. 2. Auflage. Wiesbaden: Gabler.

Mühlpfordt, Monika (2016): Der Slogan als Abkömmling des Zauberspruchs. Berlin: Lit.

Radtke, Bernd (2013): Stadtslogans zur Umsetzung der Markenidentität von Städten. Eine theoretisch-konzeptionelle und empirische Untersuchung. Dissertation. Wiesbaden: Springer Gabler.

Samland, Bernd M. (2006): Unverwechselbar – Namen, Claim und Marke. Strategien zur Entwicklung erfolgreicher Markennamen und Claims – Fallbeispiele, Tipps und Erläuterungen aus der Praxis. München: Haufe.

Samland, Bernd M. (2011): Übersetzt du noch oder verstehst du schon? Werbeenglisch für Anfänger. Freiburg: Herder.

Stumpf, Marcus (2009): Claims als Instrumente der Markenführung. In: Nina Janich (Hrsg.): Marke und Gesellschaft, Bd. 23. Wiesbaden: VS Verlag für Sozialwissenschaften, S. 137–148.

Sulikan, Zhanar (2012): Slogans in der deutschen Printwerbung. Untersuchung zu Form, Inhalt und Funktion. Frankfurt a. M.: Peter Lang.

Wesselmann, Stefanie; Hohn, Bettina (2017): Public Marketing. Marketing-Management für den öffentlichen Sektor. 4. Auflage. Wiesbaden: Springer Gabler.

Wilke, Franziska (2022): Digital lesen: Wandel und Kontinuität einer literarischen Praktik, Bielefeld: transcript Verlag. https://doi.org/10.1515/9783839463246-029

Wurl, Jan Oliver (2003): Slogans und Claims. „Da weiß man was man hat!". In: Jörn Winter (Hrsg.): Handbuch Werbetext. Von guten Ideen, erfolgreichen Strategien und treffenden Worten. Frankfurt am Main: Deutscher Fachverlag, S. 250–273.

Zielke, Achim (1991): Beispiellos ist beispielhaft oder: Überlegungen zur Analyse und zur Kreation des kommunikativen Codes von Werbebotschaften in Zeitungs- und Zeitschriftenanzeigen. Pfaffenweiler: Centaurus.

Wirksame Claims in der Markenführung   2

> **Zusammenfassung**
>
> Dieses Kapitel behandelt verschiedene Aspekte bezüglich der Bedeutung und Wirksamkeit von Claims in der Markenführung. Zunächst wird die Rolle der Marktforschung bei der Entwicklung von Claims erläutert. Anschließend werden die Anforderungen, die Marken an effektive Claims stellen, betrachtet, wobei verschiedene Anlässe für das Claiming sowie die strategische Bedeutung herausgestellt werden. Des Weiteren werden die verschiedenen Arten von Claims in Marketingkampagnen diskutiert und Qualitätsunterschiede zwischen ihnen aufgezeigt. Eine Kategorisierungsmöglichkeit von Claims wird präsentiert, gefolgt von der Vorstellung des Netzdiagramms als Visualisierungsmodell, das als Werkzeug zur systematischen Analyse von Claims dient.

2.1 Die Rolle der Marktforschung beim Claiming

Manche Claims können sogar Kultstatus erreichen, später aber genauso in Kritik geraten. Der Claim „Geiz ist geil" aus der Saturn-Gruppe war sofort in aller Munde. Er ist Namensgeber für Mentalitäten, Generationen, Gesellschaften. Es gibt ganze monografische Abhandlungen, die sich damit beschäftigen, in welchem kulturellen Kontext der Claim steht (Stolte 2008). Provokante Claims sorgen vielleicht für Reichweite, aber diese lässt sich nicht immer unbedingt auch wirtschaftlich verwerten. Insofern kann es auch eine negative Reichweite geben, also eine Botschaft, die stark verbreitet wird, die sich aber für denjenigen schlecht auswirkt, um den es in der Botschaft geht. Eine (negative) Betrachtungsweise des Claims „Geiz ist geil" wäre etwa: Geiz ist aus einem bestimmten christlich-katholischen Blickwinkel eine Todsünde (Ernst 2006).

Konsumenten haben Claims auch immer noch im Ohr oder im Gedächtnis, obwohl die entsprechenden Werbesprüche schon lange nicht mehr genutzt werden. Görg exemplifiziert dies an einem Claim-Wechsel, den der Automobilhersteller Ford etwa um die Jahrtausendwende vollzog. Damals wurde nach reiflicher Überlegung und etwa einem Jahr Entwicklungsphase der damals aktuelle, rund acht Jahre alte Claim „Ford. Die tun was" abgelöst durch den neu entworfenen Claim „Besser ankommen". Mithilfe klassischer Marktforschung zeigte sich: Es dauerte etwa drei Jahre, bis dem neuen Claim eine höhere Bekanntheit als dem abgelösten Claim zugesprochen werden konnte (Görg 2005, S. 86–88).

Andere Claims landen in der Jugendsprache – oder Jugendsprache landet in den Claims, was nicht unriskant ist: Die junge Sprechergruppe verzeiht mangelnde Authentizität nicht und kritisiert jede Anbiederung und unauthentisch wirkende, gewollte Verjüngung älterer Zielgruppen schnell und ohne das redensartliche Blatt vor dem Mund. Hier gilt es, besonders gründlich abzuwägen (Femers-Koch 2017).

Gleiches gilt für mundartliche Claims: Ein solcher Claim muss gekonnt sein, nicht gewollt, sonst wirken regionalsprachliche Claims schnell peinlich. Jahnke (2017) empfiehlt deshalb die Beachtung dreier goldener Regeln für gelungene Werbung in Mundart: „Der Bezug zur Region muss glaubhaft sein. Sprecher müssen den Dialekt perfekt beherrschen. Texte sollten immer von mehreren Muttersprachlern abgesegnet werden."

Bei all diesen Facetten und Überlegungen kann Marktforschung eine wichtige Rolle spielen. Auf der einen Seite kann diese einen Claim in Einzelfällen natürlich auch immer weichspülen; auf der anderen Seite kann die Marktforschung selbstverständlich darüber hinaus ermitteln, wie ein Claim beim Rezipienten ankommt. Die Ergebnisse der Marktforschung garantieren aber nicht immer Erfolg (oder sagen einen Fehlschlag vorher).

Ikea beispielsweise hat im Jahr 2002 den folgenden und inzwischen berühmt gewordenen Claim auf den Weg gebracht: „Wohnst du noch oder lebst du schon?" Die Marktforschung hatte zum Entstehungszeitpunkt Ikea geraten, auf den Claim zu verzichten, mit der Begründung, der Claim passe nicht zu Ikea, würde das Nutzenversprechen von Ikea nicht auf den Punkt bringen und sei nicht konservativ genug. Der Erfolg ist bekannt, die Marktforschung hat eben nicht immer recht. Und Ikea – damals neue Kundenklientel anvisierend – wählte den Claim entgegen der Empfehlung mit der Begründung, dass sich eine Marke nicht weiterentwickle, wenn ein neu entwickelter Claim zu gut zur Marke passe (Samland 2006, S. 119).

2.2 Marken und ihre Anforderungen an wirksame Claims

2.2.1 Anlässe für das Claiming

Für das Marketing eines Unternehmens spezifische und passgenaue Claims zu entwickeln (sogenanntes Claiming), kann unterschiedliche Anlässe haben. Görg (2005, S. 25–37) unterscheidet hier die Entwicklung eines (Marken-)Claims im Rahmen

- einer neuen Unternehmensmarke,
- einer neuen Produktmarke,
- der Verschmelzung zweier Marken,
- einer Marken-Repositionierung,
- eines Markenwechsels und
- die Entwicklung eines Kampagnenclaims.

Üblicherweise müssen Claims nicht nur einem Produkt oder einer Dienstleistung, sondern dem ganzen Unternehmen gerecht werden und dieses repräsentieren. Im Idealfall kann ein Claim homogene Leistungsangebote vereinheitlichen, also die gleichen Positionierungsaussagen für ein Unternehmen, für eine Dachmarke, eine Leistung (oder ein Produkt) treffen. Wird das Ganze heterogener, wird auch die Aufgabe eines Claims komplizierter. Größere und komplexere Markensysteme erhöhen die Anforderungen, da ein Claim vom Rezipienten niemals isoliert betrachtet wird – ein Produkt-Claim zum Beispiel strahlt immer auch auf das Unternehmen aus. Unternehmen mit sehr unterschiedlichen und breiten Produktpaletten oder mit Geschäftseinheiten, die verschiedene Themenfelder bearbeiten, machen es schwieriger, einen Claim zu finden, der das ganze Unternehmen abdeckt. Je komplexer die Bandbreite eines Unternehmens, desto höher sind die Anforderungen an einen Claim (Görg 2005).

Ist ein so komplexer Claim gefunden, können Kampagnenclaims dazu beitragen, eine höhere Schärfe in die Kommunikation eines Produktes oder einer Dienstleistung einzubringen.

Beispiele: Panasonic und Unilever

Panasonic hatte den Claim „Ideas for Life" für das gesamte Unternehmen gefunden. Bei einer Firma wie Unilever wird es komplizierter, den ein Claim müsste hier Produkte und Marken wie Axe, Domestos und „Du darfst" abdecken – Unilever versuchte mit dem Claim „Feel good, look good, get more out of life", den Claim als Klammer um das gesamte Angebot zu ziehen (Görg 2005, S. 24). ◄

Abgesehen von neuen Produkten oder Produktgruppen lassen Claims sich auch nach anderen Anlässen unterscheiden. Und wird eine neue Unternehmensmarke geboren, entstehen oft auch neue Teilbereiche. Üblicherweise geht die Markengenese mit der Claimschöpfung einher. Dabei haben die Kreativen den Vorteil, dass der neue Claim unter den aktuellen Branding-Gesichtspunkten gleichsam auf einem weißen Blatt Papier entstehen kann; Kreative können also im Grunde aus dem Vollen schöpfen und das ganze Produkt mit dem Claim aus der Taufe heben.

Meist wird in der Berufs- oder Betriebspraxis erst die Unternehmensmarke geschaffen und an die Öffentlichkeit kommuniziert, um in einem späteren Schritt den Claim zu bringen. Das kann damit zu tun haben, dass die tatsächliche Positionierung erst später gefunden wird. Es kommt gerade bei kleineren und mittleren Unternehmen häufig vor, dass die Verantwortlichen erst mit einer Marke starten und später den Claim nachordnen, um aus den Erfahrungen mit der Marke alleine schließlich einen Claim für die Zielgruppe abzuleiten. Idealerweise gestaltet ein Unternehmen Claim, Marke und Zielgruppe gleichzeitig, doch in der Praxis kommt es vor, dass nicht alles gleichzeitig gelingt. Ein Start-up oder ein kleiner Mittelständler haben zunächst die Idee für ein neues Produkt oder eine neue Dienstleistung – aber oft nicht die Ressourcen oder auch die Zeit, mit einem vollständigen Claim-Marken-Konzept zu starten, inklusive Marktforschung und allen Zahlen, Daten und Fakten. Im öffentlichen und sozialen Sektor ist das oft nicht anders.

Ein Beispiel für einen Claim im Zusammenhang mit einer neuen Unternehmensmarke ist Ebay. Ursprünglich lautete der Claim „Besser kaufen und verkaufen", der Claim ist heute so gut wie unbekannt. Später gab sich Ebay den Claim „3, 2, 1 – meins.", und der ist deutlich bekannter (Görg 2005, S. 25). Gerade wenn ein Unternehmen neu und bei den Zielgruppen noch weitgehend unbekannt ist, kann es helfen, wenn der Claim das Produkt- oder Dienstleistungsportfolio beschreibt oder es irgendwie aufgreift. So startete der Versandhändler Zalando im Jahr 2009 mit dem wenig originellen, aber umso klarer auf das Alleinstellungsmerkmal bezogenen Claim „Schuhe online bestellen"; ein Jahr später war man dann „Der größte Schuh-Shop im Internet". Der Erfolg und die Bekanntheit folgten schnell und derlei erklärende oder beschreibende Claims waren fortan nicht mehr von Nöten.

2.2 Marken und ihre Anforderungen an wirksame Claims

> **Beispiel**
>
> In der Analyse der Unternehmensgeschichte von Zalando und der Entwicklung seiner Claims wird deutlich, wie sich die Markenbotschaft im Laufe der Zeit verändert hat. Zalando startete im Jahr 2009 mit einem einfachen, deskriptiven, generischen Claim: „Schuhe online bestellen", die das Kerngeschäft des bis dato völlig unbekannten Unternehmens klar kommunizierten. Solche deskriptiven oder generischen Claims dienen dazu, das neue Geschäftsfeld deutlich zu machen und den Kunden einen klaren Überblick über das Angebot zu geben.
>
> Im Laufe der Jahre hat Zalando seine Claims weiterentwickelt, um nicht nur das Geschäftsfeld zu beschreiben, sondern auch eine emotionale Verbindung zu den Kunden herzustellen. Ein Beispiel hierfür ist der Claim „Are you ready?" (2015), der einen appellativen Kommunikationsinhalt nutzt und die Kunden dazu auffordert, bereit für etwas Neues zu sein. Diese Art von Claims, die einen Appell oder eine Aufforderung enthalten, gehören zur Kategorie der appellativen oder assoziativen Claims. In diese Gruppe gehört auch der wahrscheinlich bekannteste und erfolgreichste Claim der Marke: „Schrei vor Glück!" (2011 in Deutschland, 2013 in Österreich) beziehungsweise „Schrei vor Glück! Oder schick's zurück." (2010).
>
> Mit der Einführung neuer Geschäftsfelder wie Zalon für persönliche Stilberatung und dem Beautybereich hat Zalando spezifischere Claims entwickelt, die auf die erweiterten Dienstleistungen des Unternehmens hinweisen. Ein Beispiel hierfür ist der Claim „Persönliche Stilberatung für Frauen und Männer", der die Individualisierung und Personalisierung der Dienstleistungen betont. Diese Claims gehören zur Kategorie der deskriptiven und generischen Claims, da sie die Markenidentität und das Leistungsversprechen von Zalando betonen.
>
> Die Herausforderungen, die mit häufigen Wechseln von Claims und dem Übergang von deutschen zu englischen Claims einhergehen, können zu einer geringeren Verständlichkeit und einem Verlust des Bezugs zur Dienstleistung führen. Dies verdeutlicht die Bedeutung einer konsistenten und durchdachten Claim-Strategie, die die Markenbotschaft klar und einprägsam vermittelt.
>
> Ein Muster wiederholt sich bei Zalando: Die Verwendung von deskriptiven und generischen Claims bei der Einführung neuer, dem Publikum noch unbekannter Geschäftsfelder ermöglicht es Zalando, die Markenbotschaft klar und verständlich zu kommunizieren, während die Weiterentwicklung der Claims zu appellativen oder assoziativen Aussagen im Laufe der Zeit dazu beiträgt, eine tiefere Beziehung zu den Kunden aufzubauen und die Markenidentität zu stärken.

Dies wurde im Laufe der Unternehmensgeschichte immer wieder erfolgreich eingesetzt, um die Markenpositionierung zu stärken und die Kundenbindung zu erhöhen. Die kontinuierliche Anpassung der Claims an die sich verändernden Marktbedingungen und die Markenstrategie zeigt die Innovationskraft und Flexibilität von Zalando als Marke, die es ermöglicht, sich erfolgreich in einem wettbewerbsintensiven Umfeld zu behaupten. ◄

2.2.2 Entscheidend ist die Strategie

Verschmelzen zwei Marken zu einer einzigen, wird unter Umständen eine Neupositionierung nötig (Görg 2005, S. 27). Entscheidend ist hier die Strategie. Legt die neue Strategie eine Neupositionierung nahe, muss ein neuer Claim gefunden werden. Ist es mit der Strategie vereinbar, einen existierenden und auch etablierten und erfolgreichen Claim weiterhin zu verwenden, dann sollte ein Unternehmen diese vorhandenen Stärken nutzen. Ist ein Claim im Bewusstsein der Zielgruppe verankert, kann sich ein Unternehmen dazu entscheiden, dabei zu bleiben, um bereits existierende Vorteile nicht aufzugeben. Bei der Verschmelzung zweier Marken ist es nicht immer der Königsweg, Claims neu zu gestalten und gleichzeitig auf die alten zu verzichten. Im Grunde gibt es hier drei Möglichkeiten (Görg 2005, S. 27):

- Marken und Claims bleiben, die Kommunikation an die Zielgruppe ändert sich nicht
- Neue Marke, neuer Claim
- Alte (aber neu positionierte) Marke mit neuem Claim

Zu den häufigsten Anlässen für einen neuen Claim zählt die Repositionierung eines Produktes oder einer Marke, man kann zum Beispiel mit einem neuen Claim eine alte Marke aufwerten. Oft ist das aber nicht der einzige Schritt, meistens ist das mit einer sehr tiefgreifenden Revision des gesamten Markenauftritts verbunden. Hier kommt oft auch eine neue Farbsprache mit ins Spiel. Die Gründe dafür sind einfach: rückgängige Verkaufszahlen, sinkender Marktwert, abflauendes Interesse, schlechtes Image oder ein angestrebter Imagewandel ohne Druck vom Markt (Görg 2005, S. 28).

Wichtig: Veränderungen dieser Art sind in der Regel mit Konsequenzen verbunden, da ein neuer Claim, eine neue Farbe oder eine neue Marke immer einen Bruch der Kontinuität bedeuten. Wer eine etablierte Marke mit einem neuen Claim

2.2 Marken und ihre Anforderungen an wirksame Claims

versieht oder mit einer neuen Optik, muss im Zweifelsfall bei null anfangen. Denn im Gedächtnis der Zielgruppe ist die alte Kommunikation verankert – und das kann lange nachhallen, wie die bereits in Abschn. 2.1 dargestellte Studie an den Claims des Autobauers Ford zeigt.

Beispiele: McDonald's und Coca-Cola

McDonald's hatte früher den Claim „Every time a good time", nach der Repositionierung lautete der Claim „I'm loving it".

Coca-Cola hat eine lange Geschichte von Werbesprüchen (die Datenbank www.slogans.de führt mit Stand 27.02.2020 insgesamt 173 Claims/Slogans rund um die Marke Coca-Cola!); interessant sind vor allem einige der jüngeren Änderungen (Görg 2005, S. 31–32):

- 1993: „Always Coca-Cola"
- Um das Jahr 2000 herum: „Enjoy Coca-Cola"
- 2003: „Make it real".
- 2016 wurde der Claim „Taste the feeling" eingeführt. Diesen Claim nutzt das Unternehmen gleichzeitig als Social-Media-kompatibles Hashtag *(#tastethefeeling)*, was im operativen Kampagnenmanagement keineswegs trivial ist. ◄

Görg (2005, S. 43) weist jedoch zu Recht auf Folgendes hin: „Wenn auch die Repositionierung gerne als Rechtfertigungsargument angeführt wird: Häufig wechselnde Claims schaden der Marke." Das gilt zumindest in aller Regel.

Michael Brandtner urteilt in der Online-Ausgabe der Absatzwirtschaft hart über die vielen Claims von Coca-Cola:

„Nur wenige Marken dürften einen so großen Fundus an Slogans haben wie Coca-Cola. Aber einer dieser Slogans macht einen großen Unterschied. Er differenziert nicht nur die Marke, sondern er gibt der Marke auch Authentizität. Zudem gibt er der Marke auch einen ganz besonderen Stellenwert in der Wahrnehmung der Kunden. Das ist der Slogan ‚It's the Real Thing' aus dem Jahr 1969, der 1990 mit ‚You Can't Beat the Real Thing' eine Art ‚Mini-Comeback' feierte.
Coca-Cola wird heute als das Original gesehen. […] Und eines ist klar: Menschen schätzen Originale höher ein als Kopien, egal ob in der Kunst, in der Musik oder auch bei Cola-Getränken. Dies sollte man auch bei Coca-Cola bedenken, statt regelmäßig neue Claims zu finden oder zu erfinden. Hatte man in den letzten 130 Jahren in Summe über 40 Claims oder Taglines, sollte man sich in den nächsten 130 Jahren auf einen Slogan konzentrieren – denn Coke ist und bleibt ‚The Real Thing'." (Brandtner 2016)

Kommt der Wechsel einer Marke ins Spiel, zieht das üblicherweise einen neuen Marken-Claim nach sich. Ein Wechsel der Marke ist grundsätzlich ein Risiko, und wechselt ein Unternehmen zusätzlich auch den Claim, erhöht sich das Risiko entsprechend. Das sollte keine Entscheidung sein, die leichtfertig getroffen wird. Hier ist dem Wechsel der Marke und des Claims eine grundsätzliche strategische Überlegung voranzustellen, weil die Zielgruppe unter Umständen den Wechsel nicht mitmacht. Unternehmer müssen abwägen: Lohnen sich der Aufwand und auch die Investitionen in das Marketing für die möglichen neuen, positiven Assoziationen wirklich (Görg 2005, S. 25–37; Bauer 2004)?

Beispiel: Schokoriegel

Raider und Twix – zwei Namen für ein und denselben Karamell-Keks-Schokoladenriegel. Das Naschwerk war früher in Deutschland unter dem Produktnamen „Raider" bekannt; mit dem Claim „Raider heißt jetzt Twix, sonst ändert sich nix." begleitete das Unternehmen Masterfoods Anfang der 1990er-Jahre den Wechsel des Markennamens. Der Hersteller dichtete den Claim in vielen Varianten um und nutzte ihn immer wieder neu, vielleicht auch, um sich an Jugendsprache anzunähern. Grund des Wechsels: „Raider" hieß in 70 % aller Länder, in denen das Produkt zu kaufen war, „Twix". Hier wollte der Hersteller die Kommunikation vereinfachen, was dann zumindest für den deutschen Markt und für eine überschaubare Zeit mit Verfremdungsgefühlen für die Zielgruppe einherging (Görg 2005, S. 34). ◄

Diese Verfremdungsgefühle kann ein Unternehmen auch nutzen. Der Süßwarenhersteller Mars hat das im Jahr 2013 gemacht und zehn Millionen Riegel unter der alten Marke „Raider" hergestellt – und dafür den Claim sogar umgekehrt: „Raider ersetzt Twix, sonst ändert sich nix!" Mars begründete die Aktion damit, dass viele Konsumenten Twix nach wie vor mit Raider assoziieren würden (App 2013).

2.2.3 Claims in Marketingkampagnen

Eine Kampagne muss nicht immer einen eigenen Claim bekommen, hier kann ein Unternehmen auch einfach den Marken-Claim nutzen. Das kann in Einzelfällen durchaus sinnvoll sein. Die Claims „Taste the feeling" von Coca-Cola oder „I'm loving it" von McDonald's haben zum Beispiel diese Doppelfunktion: Beide verfügen über eine zentrale Botschaft, die sie konsequent über einen bestimmten Zeitraum nutzen (Görg 2005, S. 35).

Ein Kampagnen-Claim kann notwendig werden, wenn ein neues Leistungsangebot oder ein neues Produkt erst in Kombination mit dem Markenkern oder mit dem Marken-Claim verständlich wird. Sat.1 zum Beispiel hatte im Zusammenhang mit der Champions League (Fußball) die Kampagne mit dem Claim „Die Besten zeigen es den Besten"; bezogen auf die Fußballspieler – das war inhaltlich nahe am Thema (für die Nicht-Fußball-Interessierten: Die Champions League des europäischen Fußballverbandes UEFA ist ein Wettbewerb für europäische Fußball-Vereinsmannschaften der Herren, in der unter anderem die Meister der besten zehn europäischen Ligen gegeneinander antreten). Passend dazu: Der damalige Marken-Claim von Sat.1 lautete: „Sat.1 zeigt es allen". Die Claims ergänzten sich gegenseitig („es jemandem zeigen") und bauten aufeinander auf. Für den Rezipienten kann das ein Aha-Erlebnis bedeuten, wenn zum Beispiel ein vorher kaum verständlicher Claim durch die zusätzlichen Informationen in einem anderen Claim eingängig wird. Aufeinander aufbauende Claims können ein Stilmittel sein, das allerdings mit Bedacht eingesetzt werden sollte (Görg 2005, S. 36).

Ein Grenzfall ist der Claim „O_2 can do" – ist das jetzt ein Marken-Claim oder ein Kampagnen-Claim? In diesem Fall verschwimmt die Grenze, Marken-Claim und Kampagnen-Claim gehen ineinander über. Es gibt beim Thema Claims oft derartige Überschneidungen und Anknüpfungspunkte, scharfe Trennlinien sind selten (Görg 2005, S. 35).

Die bereits dargestellten wesentlichen Grundlagen über die Funktionen von Claims beschreiben gleichzeitig die wesentlichen Mechanismen, die bei Claims für Produkte gelten. Ergänzend ist festzustellen: Es gibt auch Claims, die nur für ein einziges Produkt stehen. In diesem Fall ist das Konzept nahezu selbsterklärend – der Claim sollte das Alleinstellungsmerkmal (auch: Unique Selling Proposition oder USP) des Produktes kommunizieren.

2.2.4 Qualitätsunterschiede von Claims

Spricht man über Claims, kommt schnell eine Bewertung ins Spiel. Der eine findet einen Claim gelungen, der andere findet den Claim langweilig. Um einen Claim im Hinblick auf seine wirtschaftliche Verwertbarkeit prüfen zu können, sollte man allerdings den eigenen Geschmack durch eine systematische Basis ergänzen, damit man nicht nur aus dem Bauchgefühl heraus reagiert, sondern die eigene Haltung zum Claim auch anderen vermitteln kann. Hier geht es also um ein sachliches Fundament einer ernst zu nehmenden Bewertung von Claims.

Es gibt tatsächlich gewaltige Qualitätsunterschiede. Bernd Samland (2006, S. 117–118) beispielsweise schreibt von guten, schlechten und überflüssigen

Claims – „überflüssig" ist eine (persönlich subjektive) negative Bewertung, die über den eigentlichen Claim hinaus das Geschehen am Markt als Bedeutungszusammenhang hinzufügt.

Grundsätzlich gilt: Bei der professionellen (also im beruflichen beziehungsweise wirtschaftlichen Kontext notwendigen) Bewertung von Kommunikationsinhalten muss es möglich sein, die Wirksamkeit zu messen und dabei die Marktforschung zu berücksichtigen. Wenn drei Menschen zusammensitzen und entwerfen, was ihnen gefällt, kommt eben auch nur genau das dabei raus: etwas, was drei Menschen gefällt. Der Blick auf die Zielgruppe gelingt durch Wirksamkeitsmessung und hebt die Ideen und Claims aus dem persönlichen Empfinden („Bauchgefühl") heraus, das stets trügen kann, auf eine wissenschaftliche und methodisch korrekte Ebene.

Das ist notwendig, denn das eigene Bauchgefühl steht dem Individuum im Weg, wenn es darum geht, eine Leistung objektiv zu bewerten, sie also in größeren Zusammenhängen einzuordnen: Wer ein Restaurant betreiben will, darf eben nicht nur dort servieren, wo es ihm selbst schmeckt, sondern auch dort, wo es ihm überhaupt nicht mundet – dafür aber seinen Gästen. Vertraut ein Individuum auf sein Bauchgefühl, fehlt ihm die Distanz. Seine eigenen Emotionen halten ihn davon ab, das Produkt oder die Leistung so zu sehen, wie andere sie sehen (könnten). Vorgeprägte Assoziationsketten unterscheiden sich von Individuum zu Individuum und sind mitnichten Standard.

Geht es darum, einen Claim professionell und von der eigenen Meinung unabhängig zu bewerten, kommt man also um Marktforschung und Wirksamkeitsmessung nicht herum. Das kann ein kleiner Handwerksbetrieb nicht unbedingt leisten, was man ja oft auch an deren Claims sieht. Angesprochen sind jetzt vielmehr größere Unternehmen, die das Budget für Marktforschung haben. Faustregel beim Erstellen und Bewerten eines Claims: je austauschbarer das Leistungsangebot, desto höher sind die Anforderungen an die Qualität eines Claims. Ein einzigartiges Produkt oder eine Leistung mit einem einzigartigen USP braucht nicht zwingend einen Claim von überragender Qualität. – Und generell gilt: Besser keinen Claim als einen schlechten Claim (Bauer 2018, 2017, 2020; Samland 2006, S. 116).

Beispiel: Kosmetik

In der Drogerie finden Kunden meterweise aufgereihte Produkte, deren optische Erscheinung und deren Nutzenversprechen vermeintlich ähnlich bis austauschbar sind und deren Nuancen nur ein Produkt- oder Markenmanager richtig kennt. Hier ist es eine große Kunst, diese Nuancen pointiert mit einem Claim zu kommunizieren. ◄

2.3 Kategorisierungsmöglichkeiten von Claims

Nach Ulrich Görg (2005, S. 37–43) können Claims aber nicht nur nach Anlässen kategorisiert werden (siehe Abschn. 2.2.1), sondern auch nach ihren Kommunikationsinhalten. Demnach können Claims

- Leistung versprechen,
- beschreiben,
- generisch funktionieren,
- anspruchsvoll sein,
- eine Vision transportieren,
- eine Haltung haben,
- appellieren,
- Assoziationen wecken,
- Wortwitz beinhalten.

Diese Eigenschaften lassen eine Clusterbildung in die folgenden fünf Gruppen zu, aus denen Ulrich Görg (2005) ein Klassifizierungsmodell entworfen hat, auf dem im Folgenden und in Abschn. 2.4 noch aufgebaut wird.

Claims mit Leistungsversprechen
Ein Claim mit Leistungsversprechen bringt eine bestimmte Leistung oder ein bestimmtes Angebot mehr oder weniger konkret auf den Punkt. Die Wirksamkeit dieser Art von Claims hängt im Wesentlichen davon ab, wie gut und pointiert der Claim das Leistungsversprechen formuliert. Im Idealfall bezieht sich diese Art von Claims auf ein klares Alleinstellungsmerkmal des Nutzenversprechens, ansonsten auf eine bestimmte Eigenschaft des Produktes. Beispiele: „You rent a lot more than a car" von Europcar oder „Nichts bewegt Sie wie ein Citroën" (Görg 2005, S. 38).

Deskriptive und generische Claims
Deskriptive und generische Claims kommunizieren oft ein ganzes Geschäftsfeld, also ein Bereich von Produkten oder Leistungsangeboten. Häufig findet der Rezipient hier unvollständige Sätze oder Aneinanderreihungen von Substantiven, etwa drei Charakteristika, die das Ganze klammern. Die Kennzeichnung eines Markenschutzes ist bei dieser Art von Claims oft schwierig und oft nur dann möglich, wenn zusätzlich zu den allgemeineren Substantiven auch der Markenname genutzt wird (Görg 2005, S. 39). Beispiele: „Der Pott kocht" (Werbung für das Ruhrgebiet) oder „Wir. Dienen. Deutschland." (Bundeswehr) oder „Die Hochschule. Für Berufstätige" (FOM Hochschule) (Bauer 2017).

Claims mit Anspruch, Vision oder Haltung
Hier kommunizieren Unternehmen über den Claim ihre Ziele oder ihre Philosophie. Dabei reflektieren sie oft auch ihre Markenwerte. Diese Herangehensweise macht es gleichzeitig schwierig, eine unmittelbare Botschaft über einen Nutzen zu transportieren (Görg 2005, S. 40). Beispiel: „Das Beste oder nichts." (Daimler).

Appellative oder assoziative Claims
Claims dieser Kategorie arbeiten üblicherweise mit Suggestion und Empathie, nutzen Affektive, Affirmative oder bekannte Redewendungen (Polajnar 2019). Sie versuchen häufig Gefühle auszudrücken oder auszulösen. Solche Claims sollen meist in Bezug auf Markenbotschaften reziprok interpretiert werden. Sie drücken das Nutzengefühl aus, das Anwender mit dieser Marke oder diesem Leistungsangebot verbinden. Der Claim-Schöpfer versetzt sich quasi in den Konsumenten hinein und spricht den Konsumenten auf der emotionalen Ebene an, nicht auf der sachlichen Ebene (Görg 2005, S. 41). Beispiel: „Eat fresh" (Subway).

Appellative und assoziative Claims werden in einer Kategorie genannt, weil beide Formen eine Ansprache oder Aktivierung des Rezipienten erreichen wollen – appellative Claims sehr explizit und assoziative Claims eher implizit.

Claims mit Wortwitz
Üblicherweise setzen Unternehmen hier sprachliche Mittel ein, um die Ziele ihrer Kommunikationsstrategie zu erreichen. Ein Reim etwa (Brune 2018) oder eine Verballhornung, eine Doppeldeutigkeit, Grammatik- oder Wort-Neuschöpfungen oder auch Grammatik- oder Wort-Störungen. Akronyme sind ebenfalls gebräuchlich, ebenso Spiele mit der Sprache. Claims mit Wortwitz haben oft den Charme, dass sie einzigartig und unterhaltsam sind, zudem verankern sich die Claims leichter im Gedächtnis der Zielgruppe, weil sie lustig sind oder zum Nachdenken anregen. Je einprägsamer so ein Claim ist, desto besser kann ein Unternehmen damit improvisieren und einen schlecht zu erinnernden Markennamen etwa kompensieren. Die Zielgruppe vergisst vielleicht schnell die Marke, erinnert sich aber gut den Claim (Görg 2005, S. 42). Aus dieser Not eine redensartliche Tugend macht Umckaloabo: „Unaussprechlich, aber ausgesprochen gut". Weiteres Beispiel: „Don't call it Schnitzel" als Claim für Tillmans Toasty. Dieser Claim, ursprünglich aus dem Jahr 2008, wurde im Jahr 2015 aufgrund seines Erfolgs sogar „wiederbelebt", als die Marke Toasty auf dem Markt revitalisiert werden sollte (Amirkhizi 2015).

Das Risiko bei Claims mit Wortwitz ist, dass ein Witz schnell einem Unternehmen zum Nachteil gereichen kann – wenn beispielsweise der Witz unpassend ist, zu anbiedernd, zu schlecht oder wenn die Zielgruppe den Witz nicht versteht. Hier ist also Vorsicht geboten, im Zweifelsfall sollte man auf einen Claim mit

Wortwitz eher verzichten und lieber auf etwas Konservatives vertrauen als auf einen schlechten Witz oder auf ein schlechtes Wortspiel. Dieser Effekt ist vergleichbar mit einem langweiligen Witz oder einem schlecht erzähltem Witz. Wer zum Beispiel auf einer Party einen öden Witz erzählt, findet ihn selbst meist lustig, erntet beim Publikum aber lange Gesichter.

Also Achtung: Nichts ist schlimmer als ein schlechter (Wort-)Witz, der nicht zündet. Und manche lustigen Claims laden die Rezipienten auch zu Verballhornungen ein, die der Marke schlimmstenfalls auch schaden können.

Und noch ein Hinweis muss an dieser Stelle fallen: Eine Dimension, die hier nicht weiter zur Sprache kommt, sind Jingles und Melodien, mit denen Claims fallweise versehen werden und die die Wahrnehmung des Claims beim Rezipienten maßgeblich beeinflussen können. Dies macht Claims gegebenenfalls schwerer vergleichbar (Görg 2005, S. 43; Samland 2006, S. 121).

2.4 Netzdiagramm als Visualisierungsmodell: Werkzeug zur systematischen Analyse von Claims

Die in Abschn. 2.3 zusammengefasste Kategorisierung nach Kommunikationsinhalten durch Ulrich Görg (2005, S. 37–43) systematisiert Claims zwar, erfordert jedoch immer eine eindeutige Zuordnung in (nur) eine der Kategorien beziehungsweise lässt jeweils nur die Zuordnung zu einer einzigen Kategorie zu. Doch dies hat Schwächen, denn einerseits sind die einzelnen Kategorien häufig unterschiedlich stark ausgeprägt: So kann ein Claim aus der Kategorie Wortwitz in hohem Maße kreativ und witzig sein – oder eben wirken wie gewollt und nicht gekonnt. Beide müssten aber derselben Kategorie zugeordnet werden und wären folglich nicht nur gleichartig, sondern auch gleichwertig. Anderseits können einzelne Claims selbstverständlich auch Facetten mehrerer Kategorien in sich vereinen – und das wiederum sogar in jeweils unterschiedlicher Ausprägung. Deshalb wurde dieser Fünfklang über die letzten Jahre von mir weiterentwickelt: Dabei werden zuerst die verschiedenen Claims über ein vereinfachtes Scoring-Modell in die fünf Kategorien von Görg gebracht und anschließend in einem Netzdiagramm abgebildet. Görgs Einteilung hilft zusammengefasst also nur bedingt weiter, wenn sowohl eine ausdifferenziertere Vergleichbarkeit als auch mehr wissenschaftliche, intersubjektive Objektivität erreicht werden soll.

Abhilfe schafft folgendes Visualisierungsmodell zur systematischen Analyse von Claims. Es basiert auf einem vereinfachten Scoring-Modell. Darin werden die zu bewertenden Claims mit Punkten von 1 bis 5 je nach Stärke der Ausprägung einzelner Kategorien versehen. Höhere Punktzahlen bedeuten dabei stärkere

Ausprägung des Merkmals. Alle Kategorien werden dadurch bei jedem der Claims berücksichtigt; und auch der Ausprägung wird auf diese Weise Rechnung getragen. Zur Illustration dienen im Folgenden zwei Claims, die bereits angesprochen wurden:

- „Don't call it Schnitzel!" (Tillman's Toasty)
- „Wir. Dienen. Deutschland" (Bundeswehr)

Sie werden in Tab. 2.1 beurteilt und kategorisiert: Bewertung der Claims in den fünf verschiedenen Kategorien mit Werten von 1 (kaum erfüllt) bis 5 (unübertreffbar gut erfüllt).

▶ Die Kategorien umspannen Werte von 1 (kaum erfüllt) bis 5 (unübertreffbar gut erfüllt). Aber Achtung: Verwenden Sie nicht einen Wert von Null für eine eventuelle Bewertung. Dann nämlich könnte schlimmstenfalls ein Claim mit wenig Ausprägungen in allen fünf Kategorien als Fläche gar nicht mehr sichtbar sein.

Zur Erklärung: Im ersten Fall („Don't call it Schnitzel!", Tillman's Toasty) ergibt sich ein relativ hoher Wert im deskriptiven beziehungsweise generischen Bereich ex negativo im Sinne eines Nicht-Schnitzels (trotzdem weiß jeder sofort, was für eine Art Produkt gemeint ist!). Der Imperativ der kurzen Phrase macht den Claim stark appellativ. Und der Wortwitz dürfte offensichtlich sein ... Im zweiten Fall („Wir. Dienen. Deutschland", Bundeswehr) wird zunächst explizit und pointiert ausgedrückt, was die Bundeswehr tut; darüber hinaus stehen Leistungsversprechen

Tab. 2.1 Die zu bewertenden Claims werden ihren Merkmalsausprägungen nach mit 1 bis 5 Punkten bewertet

	Claims mit Leistungsversprechen	Deskriptive und generische Claims	Claims mit Anspruch, Vision oder Haltung	Appellative oder assoziative Claims	Claims mit Wortwitz
„Don't call it Schnitzel!" (Tillman's Toasty)	1	3	1	4	5
„Wir. Dienen. Deutschland" (Bundeswehr)	4	5	5	3	1

2.4 Netzdiagramm als Visualisierungsmodell: Werkzeug zur …

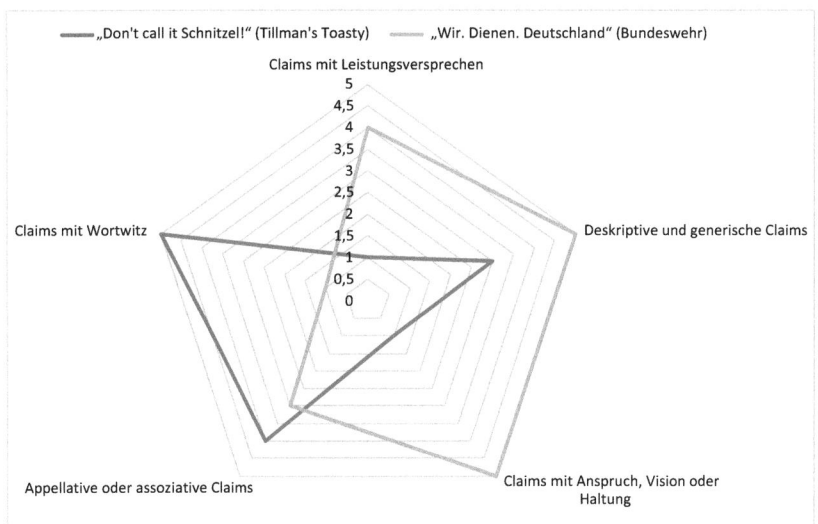

Abb. 2.1 Netzdiagramm als Visualisierungsmodell: Werkzeug zur systematischen Analyse von Claims

(nämlich Deutschland zu dienen) und Haltung (die Bundeswehr als Gemeinschaft, als ein Wir, das dient) stark im Vordergrund.

Zur Visualisierung wird anschließend ein Netzdiagramm aus den jeweiligen Claims und ihren einzelnen Bewertungen gebildet (Abb. 2.1). Dieses Netzdiagramm erlaubt es, Claims zu bewerten. Das Diagramm funktioniert im Idealfall wie ein Messinstrument. Es hilft bei der intersubjektiven Bewertung von Claims. „Intersubjektiv" bedeutet hier, dass eine Gruppe von Menschen einen Sachverhalt gleichermaßen erkennen und nachvollziehen kann, statt über individuelle Sichtweisen zu streiten. Zwar bleibt die einzelne Bewertung immer noch ein recht subjektiver Vorgang; dieser bleibt aber nachvollziehbar und ist durch das operationalisierte Scoring objektivierter. Die Subjektivität ist Scoring-Verfahren jedoch generell immanent.

Zur Illustration: Ist das Glas halb leer oder halb voll? Beide individuelle Sichtweisen, beide Positionen, stehen unvereinbar zueinander im Gegensatz. Die Beteiligten könnten sich aber darauf einigen, dass im Glas 150 mL Wasser enthalten sind.

Claim Nr. 2 aus Abb. 2.1 („Wir. Dienen. Deutschland", Bundeswehr) ist im Beispiel nicht einfach „langweilig" oder „seriös". Betrachtet man den Claim unter dem Gesichtspunkt einer Kampagne, die aus strategischen Gründen auf Wortwitz setzt (was hier beim besten Willen nicht gefragt ist!), erreicht der Claim der Bundeswehr einfach zu niedrige Werte in der Kategorie „Wortwitz". Soll ein solcher Claim aber Wortwitz auf jeden Fall vermeiden (was hier sicherlich gewollt ist!), dann wurde hier alles richtig gemacht. Damit erübrigt sich die Diskussion über „langweilig" versus „seriös".

Die Anwendungsgebiete des Visualisierungsmodells sind vielfältig: Generiert ein Unternehmen mehrere Claims im Zusammenhang mit der Marktforschung, kann ein Team die Claims anhand des Netzdiagramms bewerten. Das gilt auch für die Vorschläge einer Agentur. Oder für Vorschläge aus den eigenen Reihen. Wie will sich ein Unternehmen strategisch mit einem Claim aufstellen? Passen die Claim-Vorschläge zu der Strategie? Das Netzdiagramm kann hier helfen; es ist im Wesentlichen ein Modell zur strategischen Findung und Bewertung von Claims.

Ein Unternehmen kann das Diagramm auch nutzen, um die Claims der Mitbewerber strategisch zu analysieren. Positioniert sich ein Konkurrent über die Kategorie Wortwitz, könnte eine Marketingabteilung zu dem Schluss gelangen, dass diese Kategorie schon vergeben ist und die eigene Positionierung über eine andere Kategorie eher Potenzial hat, etwa über deskriptive und generische Claims. Andererseits könnte daraus auch der Schluss erfolgen, dass der eigene Wortwitz den der Konkurrenz übertreffen muss.

Das Netzdiagramm ist ein Mittel zur Systematisierung von Bewertungen. Wie jedes Modell zur Systematisierung oder zur Bewertung von Inhalten ist es begrenzt und fehleranfällig, gibt aber eine gute Hilfestellung, weil Menschen mithilfe des Modells nachvollziehbare Argumente an die Hand bekommen, die in der Diskussion hilfreicher sind als das Bauchgefühl.

Solche Diskussionen sind während der Entwicklung von Claims (dem Claiming) erfahrungsgemäß kaum zu verhindern.

Literatur

Amirkhizi, Mehrdad (2015): Grey: Tillman's Toasty wirbt wieder. https://www.horizont.net/agenturen/nachrichten/Grey-Tillmans-Toasty-wirbt-wieder-136535, zuletzt aktualisiert am 24.09.2015. Zugegriffen: 29.02.2020.

App, Ulrike (2013): Twix-Pause: Raider kehrt zurück. In: werben & verkaufen, 04.10.2013.https://www.wuv.de/marketing/twix_pause_raider_kehrt_zurueck. Zugegriffen: 27.02.2020.

Bauer, H. (2004): Konsumenten hängen an ihrer Marke. Studie der Universität Mannheim. Universität Mannheim. http://www.innovations-report.de/html/berichte/gesellschaftswissenschaften/bericht-28362.html. Zugegriffen: 16.04.2020.

Literatur

Bauer, Matthias Johannes (2017): Das verschenkte Marketing-Potential. Claims als Instrument der Markenführung bei Hochschulen. In: Wissenschaftsmanagement (3), S. 40–44.

Bauer, Matthias Johannes (2018): Auf den Punkt bringen. Claims auf dem Seziertisch: Die Markenführung des Deutschlandstipendiums [...]. In: duz Wissenschaft & Management (7), S. 28–31.

Bauer, Matthias Johannes (2020): Duales Studium als Unique Selling Proposition in der Markenführung? Das Studienmodell und seine Rolle im Naming und Claiming deutscher Hochschulen. In: Journal Duales Studium (1). Online verfügbar unter https://www.journal-duales-studium.de/de/.

Brandtner, Michael (2016): Coca-Cola 2016 oder: Der beste Claim aller Zeiten. absatzwirtschaft. zuletzt aktualisiert am 05.02.2016. Zugegriffen: 27.02.2020.

Brune, Philipp (2018): Bekanntheitsaufbau durch Markenslogans. Der moderierende Einfluss der Darbietungsmodalität auf die Erinnerung an reimende und nicht-reimende Markenslogans. Unter Mitarbeit von Tobias Langner. Wiesbaden: Springer Gabler (Research). Online verfügbar unter http://www.springer.com/.

Ernst, Heiko (2006): Wie uns der Teufel reitet. Von der Aktualität der 7 Todsünden. Berlin: Ullstein.

Femers-Koch, Susanne (2017): Abweichung vom allgemeinen Sprachniveau: Jugendsprache als Varietätentyp in der Wirtschaftskommunikation. In: Susanne Femers-Koch und Stefanie Molthagen-Schnöring (Hrsg.): Textspiele in der Wirtschaftskommunikation. Texte und Sprache zwischen Normierung und Abweichung. Wiesbaden: Springer Fachmedien Wiesbaden GmbH, S. 111–145.

Görg, Ulrich (2005): Claims. Claiming als Wertschöpfungsinstrument der Markenführung. Offenbach: Gabal.

Jahnke, David (2017): Dialekt in der Werbung: Mia san mia | New Communication. Online https://www.new-communication.de/neues/detail/dialekt-in-der-werbung-mia-san-mia/, zuletzt aktualisiert am 05.07.2017. Zugegriffen: 26.02.2020.

Polajnar, Janja (2019): Alle reden vom Wetter. Wir nicht. Fahr lieber mit der Bundesbahn. Von Slogan-Karrieren in und außerhalb der Werbung. In: Sabine Heinemann (Hg.): Werbegeschichte(n). Markenkommunikation zwischen Tradition und Innovation. Wiesbaden: Springer Fachmedien Wiesbaden; Springer VS (Europäische Kulturen in der Wirtschaftskommunikation, 32), S. 253–277.

Samland, Bernd M. (2006): Unverwechselbar – Namen, Claim und Marke. Strategien zur Entwicklung erfolgreicher Markennamen und Claims – Fallbeispiele, Tipps und Erläuterungen aus der Praxis. München: Haufe.

Stolte, Katharina (2008): Des Geizes neue Kleider. Ethische Reflexionen zu einer Werbekampagne. Magisterarbeit. Hamburg: Diplomica.

Der Prozess des Claimings 3

Zusammenfassung

Das Kapitel beleuchtet den umfassenden Ablauf der Entwicklung und Nutzung von Claims in der Markenführung. Zunächst werden die verschiedenen Schritte bei der Entwicklung von Claims erläutert, beginnend mit der strategischen Ausrichtung in Bezug auf die Markenführung bis hin zu den Anforderungen, die an einen effektiven Claim gestellt werden. Ein spezieller Fokus liegt auf dem Briefingprozess, der Präsentation und einem Fazit, das die zehn Schritte zur Entwicklung eines Claims zusammenfasst. Anschließend werden die sprachlichen Dimensionen von Claims untersucht, wobei die strategische Wahl des Sprachsystems und die Verwendung sprachlicher Stilmittel behandelt werden. Eine Case Study dient dazu, die Visualisierung und Vermeidung von Schlüsselwörtern und Spitzenreiterwörtern zu verdeutlichen. Des Weiteren wird die Wirkung von Claims analysiert, einschließlich ihrer Erfolgsfaktoren, der Integration in Spannungsfelder sowie der Provokationen und Grenzen, die damit einhergehen können. Eine Zusammenfassung schließt das Kapitel ab, das die Bedeutung von Claims als zentrales Branding-Element in der Markenführung hervorhebt.

3.1 Entwicklung von Claims

Die Entwicklung von Claims lässt sich in drei Phasen unterteilen: die Formulierung der Anforderungen, das Briefing an den Kreativen und der Entwicklungsprozess selbst (Görg 2005, S. 45–50). Grundsätzlich kann es natürlich immer zu einem Geistesblitz kommen oder zu einem Glücksgriff, der sich innerhalb weniger Augenblicke einstellt. Rund um den Fiat Panda beispielsweise gibt es eine solche Anekdote: Die Kreativen, die den Claim „Fiat Panda. Die tolle Kiste." erschufen, machten eine Testfahrt – und als sie in dem Auto saßen, das ja wirklich an eine Kiste erinnert, sagte einer: „Tolle Kiste." Solche – wohlgemerkt unsystematischen – Glücksgriffe gibt es immer mal wieder, und sie finden bei den Beteiligten berechtigterweise auch Anklang (Görg 2005, S. 45).

Auf der anderen Seite des Glücksgriffs steht der Prozess der systematischen, theoriebasierten Claim-Entwicklung (das Claiming), entweder im eigenen Haus oder in Zusammenarbeit mit Agenturen. Dem Aufwand sind da keine Grenzen gesetzt, die Produktion eines Claims kann harte Arbeit bedeuten.

3.1.1 Strategie und Markenführung

Um einen Claim zu finden oder zu erschaffen, muss zunächst die Strategie der Markenführung geklärt sein. Der Claim muss zum Nutzenversprechen und zur Zielgruppe passen. Wer weiß, ob er sein Produkt eher lustig („Don't call it Schnitzel!") statt ernst („Bitte bleiben Sie gesund.") kommunizieren will, hat schon einen ersten Schritt in Richtung wirksamem Claim getan – und einen ersten Rahmen abgesteckt, in dem sich Kreative bewegen können beziehungsweise dürfen. Ein fleischhaltiger Snack, der in einem Toaster erhitzt werden kann, bewegt sich thematisch einfach in einem anderen Umfeld als Nahrungsergänzungsmittel, die auf Gesundheit abzielen – und das, obwohl sich die Zielgruppen hier theoretisch sogar überschneiden können. Trotzdem wollen die Konsumenten jeweils anders angesprochen werden. Das gilt in der Lebensmittelbranche auch unmittelbar am Point of Sale (PoS) (Symmank et al. 2019).

Parallel zur Ausrichtung der Strategie sollte ein Claim also die Werte und die Philosophie von Marke oder eben Produkt kommunizieren. Um zu bewerten, ob ein Claim deckungsgleich damit ist, eignet sich das Netzdiagramm (siehe Abschn. 2.4).

3.1.2 Anforderungen an einen Claim

Welche Anforderungen gibt es an einen Claim? Er soll zum Image und zur Tonalität der Marke passen (Spicko und Kamleitner 2017); in Deutschland beispielsweise duzt Ikea seine Kunden in seinen Claims seit dem Jahr 2002 („Wohnst du noch oder lebst du schon?", s. Tab. 3.1). In Schweden duzen sich die Menschen recht

3.1 Entwicklung von Claims

Tab. 3.1 Entwicklung der Ikea-Claims in Deutschland: Geduzt wird seit 2002. (Quelle: www.slogans.de, 28.02.2024)

Marke	Claim/Slogan	Jahr
Ikea	Das unmögliche Möbelhaus	1974
Ikea	Bei uns gibt's was unter den Popo	1974
Ikea	Nur Stehen ist billiger	1974
Ikea	Das unmögliche Möbelhaus aus Schweden	1977
Ikea	Mehr Geschmack als Geld	1983
Ikea	Entdecke die Möglichkeiten	1985
Ikea	Nicht für die Gleichgültigen	1986
Ikea	Schwedische Individualität kostet weniger	1990
Ikea	Ein reicheres Leben	1992
Ikea	Clever einrichten	1994
Ikea	Schaffen Sie sich ein Zuhause	1996
Ikea	Wohnst *du* noch oder lebst du schon?	2002
Ikea	Schaff *dir* einen Lieblingsplatz	2003
Ikea	Kein Traum muss Traum bleiben	2011
Ikea	Das Zuhause *deines* Lebens	2011
Ikea	Verlieb *dich* neu in *dein* Zuhause	2013
Ikea	Zeit für mehr Zuhause	2014
Ikea	Natürlich geht das	2016
Ikea	Auf alles eingerichtet	2017
Ikea	Kleine Dinge, große Wirkung	2019
Ikea	Eine bessere Welt fängt zu Hause an.	2020
Ikea	Tür auf fürs Leben.	2021
Ikea	Selbstverständlich nachhaltig.	2022
Ikea	Inspiriert durchs Leben.	2022

konsequent, auch Fremde; das ist in Deutschland eher unüblich. Insofern kann man sich die Frage stellen, ob das Ikea-Duzen in Deutschland zielgruppengerecht ist. Nachteil des Duzens: ein Großteil der Menschen in Deutschland empfindet es erst mal als unüblich, Vorteil: gerade dieses Unübliche hebt den Slogan aus der Masse heraus.

Es bleibt also die Frage, ob ein Claim zur Zielgruppe passt oder ob es ein interkulturelles Phänomen gibt, auf das Rücksicht genommen werden soll. Ein Claim sollte schon die Bedürfnisse der Zielgruppe ansprechen und berücksichtigen. Kleinere Brüche wie das „Duzen" können zum Vorteil gereichen, aber auch nach hinten losgehen. Hier ist Fingerspitzengefühl gefragt.

Wichtigste Anforderung an einen Claim: Er muss glaubwürdig und authentisch sein. Das Budget für einen Claim ist zum Fenster hinausgeworfen, wenn der Claim eine Botschaft kommuniziert und die Empfänger sofort eine Asymmetrie zwischen

Botschaft und tatsächlichem Image der Marke bemerken. Hier kommt es keinesfalls darauf an, wie das Unternehmen sich selbst sieht. Hier zählt nur die Perspektive der Zielgruppe.

Glaubwürdigkeit und Authentizität sind wichtig, ebenso wie Distinktion und Differenzierung. Denn ein Claim soll ja idealerweise einzigartig und unverwechselbar sein. Und das lässt sich nur dann erreichen, wenn ein Claim auch tatsächlich differenziert. Wenn alle Unternehmen, die auf einem bestimmten Markt konkurrieren, ähnliche Produkte auf den Markt bringen und gleich klingende Claims haben, dann ist es dahin mit der Differenzierung und der Distinktion. So etwas ist beispielsweise im Bildungssektor weit verbreitet (siehe Abschn. 3.2.3; Bauer 2017, 2018a, b).

Ein Claim ist zudem optimalerweise langfristig einsetzbar und wirkt kampagnenübergreifend (Görg 2005, S. 46). Eine Ausnahme ist hier ein Claim, der ausschließlich für eine Kampagne eingesetzt wird. Ein klassischer Claim sollte demgegenüber auf einen langfristigen Einsatz ausgelegt sein – 30 Jahre können durchaus zur Anforderung gehören. Denn wer Marke, Markennamen oder Claim verändert, hat zunächst immer eine neue Herausforderung: Das Unternehmen muss die Neuigkeit mit entsprechendem Marketing-Budget nach außen tragen.

Zu den Anforderungen an den Claim beziehungsweise an die Kreativen gehören auch das Mitdenken und die grobe Vorauswahl der Werbeträger und Kommunikationskanäle. Es gilt, einen Claim auf möglichst vielen Werbeträgern zu nutzen. Ein zu langer Claim passt nicht auf einen Kugelschreiber, der als Werbegeschenk ein Werbeträger sein kann. Und auch die Bereiche Sprache und Gestaltung sind wichtige Anforderungen an einen Claim, der schließlich sprachlich und auch phonetisch kompatibel mit dem Markennamen sein muss. Wer einen englischsprachigen Markennamen hat, der englisch ausgesprochen wird, der kann unter Umständen auch auf einem deutschsprachigen Markt erfolgreich einen englischsprachigen Claim nutzen. Englischsprachige Claims werden im deutschsprachigen Raum allerdings viel zu oft nicht richtig verstanden (Samland 2011).

Ein Claim muss im Gedächtnis bleiben. Gleichzeitig sind Authentizität und Deckungsgleichheit mit dem öffentlichen Bild von Marke oder Unternehmen wichtig. Um einen Merkeffekt zu erzielen, können Kreative beispielsweise Reime nutzen (Brune 2018) oder Wortspiele; die Auswahl unter den mnemonischen Techniken ist groß.

Last but not least muss ein Claim zur Bildsprache und zur Gestaltung der Marke passen, also zu Typografie, Farbwelt und ganz generell zum Corporate Design (Görg 2005, S. 46). Ein Claim mit einer hohen Ausprägung in der Kategorie „Wortwitz" passt nicht zu einem nüchternen Webdesign in grau-blau-seriöser Aufmachung.

3.1 Entwicklung von Claims

Auf der sprachlichen und gestalterischen Ebene muss ein Claim die Aufmerksamkeit auf sich ziehen, die Aufmachung muss auch dem Inhalt folgen (Görg 2005, S. 46). Ein seriöser Claim sollte also nicht mit einer exaltierten Schriftart auf sich aufmerksam machen und vice versa. Eine gewisse Sympathie und eine Marktfähigkeit können auch nicht schaden, ebenso natürlich eine hohe Verständlichkeit und gute Übersetzbarkeit, vor allem bei internationalem Einsatz.

Gerade beim Thema Übersetzungen machen Kreative oder Unternehmen immer wieder Fehler. Wer seine Zielgruppe Claims übersetzen lässt, bekommt unter Umständen stark fehlerhaft bis ins Gegenteil verkehrte Übersetzungen. So warb die Parfümerie-Kette Douglas Mitte der 1990er-Jahre mit dem Claim „Come in and find out", den die Zielgruppe stirnrunzelnd mit „Komm rein und finde wieder heraus" übersetzte. Gemeint war: Komm herein und finde etwas, das Dir gefällt (Samland 2006, S. 124). Deshalb heißt der Mitsubishi Pajero in spanischsprachigen Ländern auch Montero, weil das spanische Wort „Pajero" Vulgärsprache ist und ungefähr mit „Wichser" übersetzt würde (Haig 2013, S. 124).

Das Beispiel zeigt auch, dass die Sprache eines Claims im deutschsprachigen Raum nicht immer nur Deutsch oder Englisch sein muss. Ein frankophiles Produkt kann auch mal Französisch als Claim-Sprache nutzen: „C'est bon!" steht beispielsweise auf der Verpackung des Weichkäses Géramont.

So manche Hochschule nutzt sogar einen lateinischen Claim – und womöglich ist das nur scheinbar zielgruppengerecht: Denn erstens wird es selbst in der akademischen Zielgruppe nicht jeder übersetzen können, der kein Latinum in seiner Schullaufbahn absolviert hat. Und zweitens wird so eine unnötige Wissensschranke zu großen Teilen der allgemeinen Bevölkerungen aufgebaut (Stichwort Elfenbeinturm). Ob das für eine Universität, die zum Teil auch durch öffentliche Mittel finanziert wird, sinnvoll oder auch nur sympathisch ist, sei dahingestellt (Bauer 2017).

3.1.3 Das Briefing

Das Briefing ist ein zentrales Element im Claiming-Prozess (Görg 2005, S. 47–50). Zu den grundlegendsten Bestandteilen des Briefings an den oder die Kreativen zählen: die Zielgruppe, ihre Kaufmotive und ihre Verwendungsgewohnheiten. Gegebenenfalls muss hier zunächst Marktforschung betrieben werden, um diese Variablen zu kennen. Im Business-to-Business-Bereich (B2B) sieht es oft noch etwas anders aus, hier ist die Zielgruppe manchmal kleiner und allein schon durch Produkt oder Dienstleistung exakter definiert. Im B2B-Bereich reicht es daher manchmal schon aus, mit Vertriebs-Mitarbeiterinnen und -Mitarbeitern zu reden, die ihre Sache kennen und gut machen, um eine Zielgruppe kennenzulernen. Und auch kleinere und mittlere Unternehmen und der öffentliche oder soziale Sektor werden sich häufig ressourcensparend helfen müssen.

Trotz aller Erfahrung und Sachkenntnis lohnt es sich, den Kreativen im Briefing umfangreiche Zahlen, Daten und Fakten an die Hand zu geben: Welche Produkteigenschaften oder Leistungsmerkmale sind herausragend? Wo liegt genau das Nutzenversprechen? Wie ist der Preis gestaltet? Wer gehört zu den aktuellen Käufern? Welche Zielgruppen könnten zukünftige Käufer sein? Auch das muss ein Unternehmen wissen und kommunizieren, und zwar nicht aus dem Bauch heraus, sondern mithilfe einer strategischen Analyse. Dazu gehören auch Fragen, die sich für den Eiligen vielleicht überflüssig anhören, die aber bei näherer Betrachtung durchaus gut zur gelungenen Kommunikation beitragen können, wie etwa: Ist das, was ich über einen Claim kommunizieren will, auch das, wo es aus unternehmerisch-strategischer Sicht hingehen soll?

Wer ein Alleinstellungsmerkmal hat (Unique Selling Proposition, kurz: USP), sollte es auch nutzen, benennen und kommunizieren. Wer kein Alleinstellungsmal findet, sollte eines herausarbeiten. Dieses Merkmal ist die Voraussetzung, um einen Claim pointiert zuzuschneiden. Hier geht es eindeutig nicht nur um das eigene Unternehmen, sondern auch um den Wettbewerb und die Positionierung des Unternehmens auf dem Markt, zwischen den Mitbewerbern. Die Claims der Mitbewerber zu recherchieren, kann Aufschluss über die eigene Position am Markt geben.

Ein taugliches Hilfsmittel ist es, gute Claims zu recherchieren, die aber nicht infrage kommen. Es geht dabei nicht um ein Bauchgefühl, sondern um eine sachliche Begründung, warum ein Claim zwar gut, aber nicht gut genug oder unpassend ist. Beides muss sachlich begründbar und intersubjektiv nachvollziehbar sein. Ist das geschafft, wird der Blick auf den zu findenden Claim klarer. Beispielsweise könnte der Claim „Don't call it Schnitzel!" zwar einprägsam genug sein, aber zu verspielt für eine bestimmte Marke.

Diese Beschreibung ist intersubjektiv nachvollziehbar, die Beschreibung „gefällt mir" oder „gefällt mir nicht" ist es nicht. Das in Abschn. 2.4 dargestellte Visualisierungsmodell kann hier gute Hilfestellungen leisten, indem die relevanten Claims mit dem Scoring bewertet und anschließend auf dem Diagramm dargestellt werden. Vor allem wenn Claims von Mitbewerbern damit analysiert werden, lassen sich die eigene Marke und ihr Claim schnell und aussagekräftig verorten.

Die „Bewertung" hat nichts damit zu tun, dass ein Claim eines Wettbewerbers schlecht ist. Ein Claim kann beispielsweise für das handelnde Unternehmen nicht infrage kommen, weil die Positionierung und die Zielgruppe etwas anders gelagert sind. Angaben wie diese zu allen relevanten Mitbewerbern können Kreativen und Agenturen helfen, den richtigen Claim zu finden, ohne über das Ziel hinauszuschießen.

Auch ein Markenkonzept kann einer Agentur weiterhelfen, und zwar ein Markenkonzept, das die zentralen Werte einer Marke benennt. Hintergrundinformationen über die Philosophie eines ganzen Unternehmens zeigen, was eine Firma neben der Wirtschaftlichkeit im Innersten zusammenhält: Je mehr ein Dienstleister über einen Auftraggeber weiß, desto genauer kann er Botschaften passend formulieren. Dazu gehören Stärken genauso wie Schwächen oder Bereiche, in die sich ein Unternehmen erst noch hineinentwickeln will. Das Stichwort lautet hier: Authentizität.

Die Kernbotschaft ist beim Briefing der Dreh- und Angelpunkt – welche Kernbotschaft soll der Claim transportieren? Auch das Naming kann Aufschluss über die Kernbotschaft geben, schließlich soll es ja auch dem Kunden oder dem Interessenten helfen, herauszufinden, worum es gerade überhaupt geht oder welche Kategorie von Produkten eine Rolle spielt. Zwischen Naming und Claiming gibt es auffällige Parallelen.

Ein Briefing erläutert im Idealfall Hintergründe, Motive und Projektziele. Im Gegenzug erstellt eine Agentur eine Offerte, also ein Angebot, das den Umfang und das Vorgehen der Beratung oder des kreativen Prozesses skizziert. Es ist überaus hilfreich, im Vorfeld zielgerichtet Informationen auszutauschen und dadurch das eigentliche Spielfeld abzustecken, auf dem der kreative Prozess stattfinden soll. Dadurch ersparen sich alle Beteiligten Mehrarbeit, Enttäuschungen, Frustrationen und übermäßig viele Abstimmungs- oder Korrekturrunden.

3.1.4 Nach dem Briefing

In diesem Kontext kann auch das sogenannte Rebriefing eine große Rolle spielen (Görg 2005, S. 49). Dieses fasst die vollständige Aufgabenstellung und die kommunikative Zielsetzung zusammen. Aufgrund dieses Rebriefings fällt es Agenturen oft leichter, die Kreativmethode festzulegen. Im nächsten Schritt folgt dann die Kreation selbst, hier legen Agenturen Themenrouten fest und entwickeln Claims mit Hilfe von Kreativitätstechniken.

Agenturen können zusätzlich Datenbanken einsetzen, in denen sie mit Hilfe von Schlüsselbegriffen nach Inspirationen suchen, und sie können vorhandene Wortfolgen abgleichen. An dieser Stelle ein Hinweis: Es ist vielleicht verlockend, in einen Claim einzelne Wörter einzubauen, die bei Google Trends als besonders häufig gesucht ausgegeben werden (oder sich zur Suchmaschinenoptimierung eignen). Neben der Tatsache, dass solchen Trends nicht zwangsläufig eine besonders große Lebensdauer zu prognostizieren ist, sollte offensichtlich sein, dass so ein Vorgehen auch im Widerspruch zur geforderten Einzigartigkeit und Originalität von wirksamen Claims steht.

Zum Teil in das Fachgebiet eines Juristen fallen dann die Recherche der Nutzungsrechte und die Verfügbarkeitsprüfung: Ist der Claim beispielsweise schutzfähig oder stehen bereits bestehende Schutzrechte schlimmstenfalls einer Benutzung entgegen? Ist eine dazugehörige Domain noch zu haben?

Findet eine Agentur oder ein Unternehmen einen neuen Marken- oder Produktnamen oder einen dafür entworfenen Claim schon über Internet-Suchmaschinen wie Google, dann scheiden solche Schöpfungen oft wieder aus. Agenturen und Marketing-Abteilungen können hier leicht Zeit und Mühen sparen, indem sie ihre Ausgangslage sorgfältig recherchieren. Das kann selbst der kleinste Mittelständler.

Solche Recherchen sollte man auch wiederholen, wenn ein Claim erst mal gefunden ist oder wenn Vorschläge dafür auf dem Tisch liegen. Das Gleiche gilt für die Sprachprüfung beziehungsweise Prüfung des Sprachsystemwechsels. Wer in Deutschland einen Anglizismus oder einen englischsprachigen Claim verwendet, muss prüfen, ob das überhaupt übersetzbar ist, und wenn ja, wie die Zielgruppe das übersetzt (Samland 2011). Sobald hier Schwierigkeiten auftauchen, sollte man nachbessern oder auf den Claim verzichten.

Das gilt nicht nur für den Claim, sondern auch für das Naming und für alle anderen Kommunikationsinhalte. Ein Muttersprachler ist hier nicht die Kür, sondern die Pflicht, und auf keinen Fall ersetzbar durch Wörterbücher oder schlimmstenfalls Übersetzungs-Software; denn nur ein Muttersprachler hat im Zweifelsfall Kenntnis von Idiomen (Spracheigentümlichkeiten) oder der einen, seltenen, aber negativen Konnotation, die entscheidend sein kann.

3.1.5 Die Präsentation

Zeigt eine Agentur oder ein Kreativteam, was ausgearbeitet wurde, ist eine Auswahl von zehn bis 20 Claims schon sehr viel, wenn nicht sogar zu viel (Görg 2005, S. 49). Angemessen für ein kleines oder mittleres Unternehmen sind vielleicht drei Claims. Eine Agentur produziert in der Regel mehr als drei Claims, zeigt aber nur die drei treffendsten. Die Anzahl der präsentierten Claims kann auch mit der ursprünglichen Aufgabenstellung zusammenhängen, mit der Evaluierung von Vor- und Nachteilen sowie mit der Abstimmung mit dem Auftraggeber.

An die Präsentation schließt sich die Korrekturphase an, die einhergeht mit Revisionen und mit der Finalisierung des einen Claims, der die Kernbotschaft optimal wiedergibt. Im Idealfall schließt sich noch ein Akzeptanztest an, also sozusagen ein Pre-Test vor dem eigentlichen Launch, auf dem echten Markt, mit echten Menschen aus der Zielgruppe: Marktforschung.

3.1 Entwicklung von Claims

Schon während der Präsentation neigen Auftraggeber dazu, die Claims zu evaluieren. Vor der Korrekturphase kann es aber lohnenswert sein, die Claims wenigstens kurze Zeit wirken zu lassen. Zeit für Korrekturen, Revision und Finalisierung der oder des Claims bleibt immer noch. Idealerweise verlässt sich der Agenturkunde hier nicht nur auf das eigene Bauchgefühl, sondern auf Akzeptanztests.

3.1.6 Fazit: Die zehn Schritte zur Entwicklung eines Claims

Ulrich Görg hat den Prozessablauf bei der Markenclaim-Entwicklung in folgende zehn Schritte unterteilt (Görg 2005, S. 49):

1. **Briefing erstellen:** Im Briefing erläutert der Auftraggeber die Hintergründe, die Motive und Projektziele. Es folgen die Offerte, die Angebotserstellung durch die Agentur und die Beauftragung, im Rahmen derer eventuell offen gebliebene Fragen beantwortet werden. Falls nötig, wird das Angebot modifiziert; dann wird beauftragt.
2. **Wettbewerbsanalyse:** Claims relevanter Mitbewerber erfassen und gemäß individuellen Vorgaben clustern mithilfe des Visualisierungsmodells Netzdiagramm oder anhand eigener Kriterien, Claims der Mitbewerber entsprechend analysieren.
3. **Rebriefing:** Zusammenfassung der Aufgabenstellung und der kommunikativen Zielsetzung durch den Auftraggeber; Agentur beziehungsweise Kreative legen Kreativitätsmethode fest.
4. **Kreation:** Erschaffung des oder der Claims.
5. **Verfügbarkeitsprüfung:** Recherche von Nutzungsrechten – gibt es den Claim, die Marke oder das Produkt schon? Hier sollten gegebenenfalls Juristen zu Rate gezogen werden.
6. **Sprachprüfung:** Sollte ein Dialekt, eine Fremdsprache oder Teile davon zum Einsatz kommen oder der Claim über den Herkunftssprachraum hinaus oder international eingesetzt werden, empfiehlt sich eine Sprachprüfung: Funktioniert beispielsweise der Anglizismus bei der Zielgruppe wie geplant? Ist der Claim übersetzbar, und übersetzt die Zielgruppe auch im Sinne des Auftraggebers?
7. **Präsentation:** Agentur beziehungsweise Kreative präsentieren eine Auswahl an Claims, diese werden evaluiert und das weitere Vorgehen wird abgestimmt.
8. **Korrekturphase:** Revision und Finalisierung des oder der Claims.
9. **Akzeptanztest:** Idealerweise findet ein Akzeptanztest der finalisierten Claims statt, gegebenenfalls erfolgen eine Modifikation und erneute Revision.
10. **Weitere Markenrecherchen,** je nach Projekt.

3.2 Sprachliche Dimensionen von Claims

3.2.1 Wahl des Sprachsystems: eine strategische Entscheidung

Claims werden schon von Muttersprachlern oft nicht verstanden oder nicht richtig interpretiert – fremdsprachliche Claims werden noch viel häufiger von den Rezipienten missverstanden (Stumpf 2009, S. 142–144; Samland 2006, 2011, S. 123–129; Görg 2005, S. 51–54). Aus diesem Grund lohnt es sich, die sprachliche Dimension von Claims näher zu betrachten. Tendenziell gibt es beim Claiming nach wie vor einen starken Trend zur Internationalisierung. Mehr und mehr Claims für deutschsprachige Zielgruppen bedienen sich der englischen Sprache. Es ist legitim, ihre Wirkung zu hinterfragen (Kellerhals 2008).

Auf der einen Seite hat das etwas von Amerikanisierung und dem Traum von Amerika. Da stellt sich natürlich sofort die Frage, ob der Blick nach Amerika heute noch zeitgemäß ist. Deutschland hat zwar starke Verbindungen zu den USA, allein durch die Besatzungszeit, aber weltweit gibt es auch Kritik an den Vereinigten Staaten, etwa unter dem Stichwort „Weltpolizei" oder aufgrund der Richtung, die die aktuelle Politik dort einschlägt. Auf der anderen Seite ist Deutschtümelei auch ein Weg, der recht sicher an der Zielgruppe vorbeiführen kann; genauso wie die Haltung, Fremdwörter kategorisch auszuschließen.

An dieser Unterscheidung kann man schon erkennen, wie wichtig eine aktive und überlegte Entscheidung für ein Sprachsystem ist. Englischsprachige Claims beispielsweise klingen vielleicht exotisch (Fritz 1994, S. 74), häufig zumindest immerhin modern. Doch das gereicht zum Nachteil, wenn es nicht zur Zielgruppe, zum Produkt oder zum Unternehmen passt.

Der Fastfood-Konzern McDonald's wirbt übrigens erst seit dem Jahr 2003 in 120 Ländern mit einem einheitlichen Claim: „I'm loving it." (Stumpf 2009, S. 143) Englischsprachige Claims können folglich auch Vorteile haben, ganz profan beispielsweise den, dass der Claim auch international identisch verwendbar wird. Das kann bei der Internationalisierung helfen und gleichzeitig Ressourcen sparen: „Die fortschreitende Globalisierung der Märkte und die Internationalisierung der Marken – aber auch Kostengründe – führen dazu, dass Werbeaussagen und Claims international vereinheitlicht werden." (Stumpf 2009, S. 143; Gawlitta 2000, S. 86) Gleichzeitig wird englischsprachigen Claims eine subjektiv höhere sprachliche Präzision unterstellt (Brandmeyer 2002, S. 199). Stumpf (2009, S. 143) weist an Beispielen wie „Roter Bulle" versus „Red Bull" zu Recht auf die Wirkungsunterschiede zwischen deutscher und englischer Sprache hin.

3.2 Sprachliche Dimensionen von Claims

Neben der englischen Sprache gibt es weitere Sprachsysteme, in denen ein Claim arbeiten kann – Französisch beispielsweise für Käse, Weine oder Spirituosen; und es gibt auch Sprachsysteme in Mundart, beispielsweise für bayerischen Käse oder bayerisches Bier. Hier ist allerdings eine gewisse Vorsicht geboten, denn die wenigsten Produkte oder Dienstleistungen haben Lokalkolorit nötig. In Deutschland ist Dialekt, wie er in Bayern gesprochen wird, zwar am beliebtesten (Statista 2020), die Bayern selbst gelten den meisten Deutschen aber als die gemeinhin unsympathischsten Menschen (Deutschmeyer 2015). Entscheidungen für oder wider einen Dialekt gilt es also strategisch abzuwägen.

Bei Produkten wie Ricola ist der Einsatz von Mundart unterhaltsam gemacht, aber in jedem Fall Geschmackssache: Das Lokalkolorit im Claim (zum Beispiel „Berühmt für ihre Chrüterchraft", 2013) macht die Zielgruppe automatisch schmaler, weil viele Rezipienten aussteigen, wenn sie den schweizerischen Akzent hören. Der Vorteil: Der Claim passt bei denjenigen, die dranbleiben, umso besser.

Wer sich für Lokalkolorit, eine Mundart oder ein nicht-deutschsprachiges Sprachsystem entscheidet, muss diese Möglichkeiten im Vorhinein mitdenken und ermitteln, welche Dialekte oder Sprachen bei seiner Zielgruppe überhaupt ankommen. So etwa die Radiowerbung für Seitenbacher-Müsli: Die ist natürlich genau so gewollt, wie sie ist – und sie funktioniert auch, zumindest, was die Verbreitung angeht. Immerhin steht in diesem Text nun der Markenname „Seitenbacher" ...

Beim Thema Sprachsysteme gibt es häufig kein Richtig oder Falsch, wie das Seitenbacher-Beispiel schon erahnen lässt. Mitunter gibt es auch Graustufen, und das Entscheidende ist eigentlich, zu reflektieren, was bei der Entwicklung eines Claims alles passieren kann. Kreative und Marketing-Profis sollten hinterfragen, warum Claims mit diesem oder jenem Sprachsystem arbeiten und das Ganze immer auf Konnotationen untersuchen; und auf Tauglichkeit in Bezug auf die Zielgruppe.

Solche Zielgruppen können auch ethnische Minderheiten mit Verkaufspotenzial sein. So kommunizieren beispielsweise Daimler oder Yellow-Strom ihre Marken auch in türkischer Sprache (Stumpf 2009, S. 142–143). Ob das allerdings so häufig vorkommt (oder die Fälle nicht hinlänglich bekannt sind), lässt sich hinterfragen. Die Datenbank www.slogans.de verzeichnet jedenfalls nur eine Handvoll Claims in türkischer Sprache. Übrigens kann auch auf Türkisch eine Zielgruppe erreicht werden, die vielleicht gar kein Türkisch spricht oder nur ein paar Wörter aus dem Reisewortschatz beherrscht: Yeni Rakı, ein türkischer Anis-Schnaps, erhielt im Jahr 2007 den Claim „Şerefe!", zu Deutsch: „Prost!"

3.2.2 Sprachliche Stilmittel für Claims

Zur Erinnerung: Claims können gut, schlecht oder überflüssig sein (Samland 2006, S. 117–118). Entscheidend ist, dass sie zur Gesamtstrategie passen sowie zur Zielgruppe. Mit sprachlichen Stilmitteln kann man Claims nicht nur besser im Gedächtnis der Rezipienten verankern, sondern auch Wirkung und Verbreitung fördern.

Die Abgrenzung einiger Stilmittel ist nicht immer so eindeutig, wie man es sich aus wissenschaftlicher Sicht vielleicht wünschen würde (Möckelmann und Zander 1978). Das ist häufig bei Claims der Fall, die einen hochkünstlerischen, gleichzeitig einen besonders kurzen, aber stark komprimierten Text darstellen, der folglich in hohem Maße sprachlich und inhaltlich verdichtet ist. Sprachliche Neuschöpfungen und Neuprägungen auf Wortebene sind deshalb bei Claims nichts Ungewöhnliches (Kemmerling-Schöps 2002). Naturgemäß ist hier der Spielraum für Interpretationen hoch – und genau das ist ja auch die Idee hinter vielen Claims: Raum für Interpretationen lassen, Raum für sprachliche Spielerei, damit möglichst viele Zielgruppen und Menschen einen Bezug zum Claim und damit zum Produkt herstellen können.

Insofern schlagen Claims eine Bresche in dieser Welt, in der Aufmerksamkeit ein heillos überstrapaziertes Gut ist. Wer es schafft, seine Zielgruppe für einen kurzen Moment innehalten zu lassen, in der sie sich mit dem Claim beschäftigt, der hat schon die Hälfte des Weges geschafft. Dann muss der Claim nur noch überzeugen.

Eine Auswahl der geläufigsten Stilmittel, die besonders in Claims häufig vorkommen, hat Ulrich Görg (2005, S. 51–64) erstellt und mit Beispielen illustriert. Sie werden im Folgenden alphabetisch wiedergegeben und kurz zusammengefasst.

Die Alliteration
Bei der Alliteration handelt es sich um einen sogenannten Stabreim. Dieser entsteht, wenn die Anfangslaute zumindest der betonten Stammsilben gleich lauten. Das ist eines der klassischen mnemotechnischen Mittel. Beispiel: „Mars macht mobil".

Anspielungen und Mehrdeutigkeiten
Claims mit Anspielungen und Mehrdeutigkeiten bleiben häufig im Gedächtnis. Auch dies ist eine Mnemotechnik, mit deren Hilfe die Zielgruppe oder der Konsument sich vielleicht ein wenig länger mit dem Claim beschäftigt. Beispiel: „Noch nie waren Oberteile so leicht zu öffnen", das war ein Claim des Auto-Verleihers Europcar, der auf die Cabrios im Portfolio anspielt. Oder: „Wenn andere schlapp machen, verlegen wir immer noch Rohre." Das ist der Claim eines lokalen

Handwerk-Betriebes für Straßenbau. In beiden Claims steckt eine Menge sexuelle Doppeldeutigkeit. – Es ist hier also in besonderem Maße Vorsicht und Rücksichtnahme geboten! Während der Europcar-Claim recht unproblematisch sein dürfte, finden manche den Handwerker-Claim lustig, manche sind von ihm angewidert. Wenn die Zielgruppe den Claim gut findet, kann er hilfreich sein und vom Unternehmen genutzt werden – hier bleibt allerdings die sehr reale Gefahr eines Shitstorms im Internet oder sogar rechtlicher Konsequenzen im Raum.

Antithese
Ein sehr bekanntes Beispiel: „Der Tag geht, Johnny Walker kommt." Dieser Claim war über dreißig Jahre lang erfolgreich und wurde in fast alle Sprachen übersetzt. (Görg 2005, S. 56) Die Antithese beschreibt ein Stilmittel, das eine Ausgangsbehauptung und eine Gegenbehauptung gegenüberstellt und so die Kontraste betont. Die Aufforderung oder der Appell ist meist sehr kurz. Das können Befehle, Grüße oder Wünsche sein: „Tschüss, bis morgen" hatte beispielsweise die Bäckerei Kamps als Claim.

Ellipse
Eine Ellipse bedeutet in Bezug auf Text eine Auslassung, eine kalkulierte Lücke, die der Rezipient mit einer Assoziation füllt. Das hat allerdings weder etwas mit schlechtem Deutsch noch mit schlechtem Stil zu tun. Eine Ellipse ist stets gewollt und kein Lapsus. Eine Ellipse erzeugt also Interpretationsmöglichkeiten, Beispiel: „Ohne Wenn und Aber" von der Ipsos Marktforschung. Das ist vielleicht nicht der beste Claim, den man sich vorstellen kann, weil er inhaltlich keine Nähe zum Thema Marktforschung erzeugt; tatsächlich erzeugt er zu keinem Thema eine Nähe und könnte auch für eine Autoverwertung, einen Fastfood-Laden oder einen Schwimmverein stehen. Er erzeugt eine gewisse Leere, die der Rezipient mit Inhalten füllt. Deshalb sind Ellipsen in der Werbesprache durchaus verbreitet und erfolgreich (Janos 2015).

Euphemismen
Ein Euphemismus bedeutet, dass ein Sachverhalt beschönigend dargestellt wird. Das Wort „Rückbau" beispielsweise ist ein Euphemismus für „Abriss". Mit dem Wort „Abriss" assoziieren Menschen eher Dreck, Lärm und Arbeit als mit dem Wort „Rückbau". Ein Euphemismus wird meistens genutzt, wenn eine unangenehme oder anstößige Angelegenheit ausgeblendet werden soll. Das kann zum Beispiel bei Hygieneartikeln der Fall sein. „Keine Kraft mehr für die Liebe" ist ein Claim, der einen Euphemismus nutzt – der Claim wirbt für Potenzmittel, umschreibt „Potenz" aber mit „Liebe".

Homonyme
Ein Homonym beschreibt ein Wort, das für verschiedene Begriffe steht. Es lassen sich zwei Kategorien von Homonymen unterscheiden: Homographe (Homogramme) und Homofone.

Homographe werden gleich geschrieben, haben aber unterschiedliche Bedeutungen und können auch unterschiedlich ausgesprochen werden. „Tenor" bezeichnet zum Beispiel eine Singstimme beziehungsweise einen Sänger, während „Tenor" eine „Aussage/Essenz" bezeichnet. Homofone werden gleich ausgesprochen, können aber unterschiedlich geschrieben werden, zum Beispiel „Wahl" und „Wal". Ein Wort kann aber auch sowohl ein Homograf als auch ein Homofon sein. Dies sind die auch als „Teekesselchen" bekannten Wörter. „Bank" zum Beispiel steht gleichzeitig für „Geldhaus" und für „Sitzgelegenheit"; „Kiefer" steht gleichzeitig für „Baum" und für „Körperteil".

Hier ist besondere Vorsicht geboten, weil sich schwer antizipieren lässt, wie der Rezipient das Wort im Claim liest. So macht es einen erheblichen Unterschied, ob die Produkte eines Unternehmens „modern" [mo'dɛrn], also aktuell und zeitgemäß, sind – oder ob sie schon „modern" ['mo:dən] und vor sich hinfaulen.

Homonyme lassen sich gut für Wortspiele, Wortwitze oder Sprachspiele nutzen – allerdings auch nicht in jeder Mundart. Beispiel: „20 und ich" reimt sich in den meisten deutschsprachigen Mundarten, im Süddeutschen reimt es sich aber nicht, da dort die „20" nicht mit dem Laut „-ich" endet, sondern mit „-ig". Also Vorsicht, wird der Claim nicht nur regional oder lokal genutzt.

Beispiel: Die oberfränkische Brauerei Maisel's. Ein Claim der Brauerei lautete „Bier auf seine schönste Weisse". Ein anderer lautete „Mach es auf Deine Weisse". Der Oberfranke spricht das etwas stimmhafter aus als der Rest der Republik, dann kann der Sprachwitz funktionieren, weil die Homofonie klar erkennbar ist. Andere kratzen sich am Kopf – denn „Weise" klingt eben nicht überall im deutschsprachigen Raum wie „Weisse". Die fehlerhafte Orthografie (korrekt: „Weiße") muss dabei ohnehin ignoriert werden; sie würde das Sprachspiel wahrscheinlich nicht verständlicher machen ...

Hyperbeln
Hyperbeln sind Übertreibungen, hier wird ein Inhalt überhöht, um eine größere Wirkung für das Leistungsversprechen zu erreichen. Einer der erfolgreichsten Claims dieses Stilmittels ist „Wir können alles außer Hochdeutsch". Den Claim hat das Bundesland Baden-Württemberg im Bereich Public Marketing genutzt, um für den Standort zu werben: „Wir können alles" ist die Hyperbel; „außer Hochdeutsch" die selbstironisch-witzige Ergänzung, die die Hyperbel gelungen einschränkt. Der Slogan gilt als besonders gelungen und erfolgreich (Müller 2017).

3.2 Sprachliche Dimensionen von Claims

Kombination aus Sprache und Sprachsystemen
Eine ungewöhnliche Wortneuschöpfung: „Los Wochos", ein ehemaliger Kampagnenclaim von McDonald's, der eine Reihe von zeitlich begrenzt erhältlichen Speisen mit mexikanischem Flair begleitete. Diese Sprachneuschöpfung bediente sich aus einem anderen Sprachsystem als dem deutschen, und zwar dem spanischen: „Los" steht dort unter anderem für den bestimmten Artikel „die", und die Endung „-os" auf „Woch" erinnert im deutschsprachigen Raum ebenfalls an Spanisch. Gemeint waren also mehr oder weniger „Die (mexikanischen) Wochen", also der Zeitraum, in dem die Speisen erhältlich waren. Und je mehr man das erklärt, desto unlustiger wird es …

Komparation
Dieses Stilmittel bedeutet, Adjektive zu steigern: Modern, moderner, am modernsten, hochmodern. Die Steigerungsformen in der gleichen Reihenfolge: Positiv, Komparativ, Superlativ oder Elativ. Eine Komparation eignet sich in vielen Fällen zur Kreation eines Claims. Beispiel: „Gut, besser, Paulaner".

Komposita
Zusammengesetzte Wörter werden auch Komposita genannt. Beispiel: „Schlafkultur". „Schlaf" und „Kultur" sind beides bekannte Wörter, das Wort „Schlafkultur" ist schon ein Kompositum, und die Kombination „Aktive Schlafkultur" des Matratzen-Herstellers Werkmeister kann bereits als Claim gelten.

Kontamination
Das lateinische Wort „contaminare" bedeutet so viel wie „verschmelzen", und mit dem Stilmittel Kontamination ist genau das hier gemeint: Wörter – meist in einem assoziativen Verhältnis – verschmelzen zu einem neuen Wort. Sehr bekanntes Beispiel von Coca-Cola ist der inzwischen in den Duden aufgenommene Neologismus „unkaputtbar".

Kreuzstellung/Chiasmus
Ein Chiasmus ist eine sogenannte Kreuzstellung, bei der man Satzglieder kreuzweise in parallelen Teilsätzen neu anordnet. Beispiel: „Genial einfach. Einfach genial" von Bosch. Diese Kreuzstellungen gelten allerdings als stark abgegriffen und werden häufig nur noch von kleinen oder mittleren Unternehmen genutzt, die vielleicht nur ein sehr übersichtliches Marketingbudget haben oder die eigene Kreativität hochleben lassen wollen. Ein Chiasmus kommt eigentlich nur noch dann infrage, wenn er wirklich originell, neu und sehr gut ist.

Onomatopoesie

Eine sprechsprachliche Nachbildung von Naturlauten oder Geräuschen ist auch als Onomatopoesie bekannt, eine Lautmalerei also. Sprechende nutzen dabei nicht nur Wörter, sondern auch Rhythmus und Silben – eines der bekanntesten, wenngleich auch ältesten Beispiele dürfte „Black & Decker" sein. Ein weiteres Beispiel: „räkel – streck – fläz" von der Airline Condor (Janich 2005, S. 206).

Metaphern

Wer etwas bildhaft beschreibt, nutzt eine Metapher: „Der Gipfel der Genüsse" von Toblerone ist ein Claim, der eine Metapher bemüht. Das Bild ist dabei der „Gipfel", also der höchste Punkt eines Berges, unübertrefflich hoch. Das passt zur dreieckigen Form der Toblerone-Schokolade.

Missachtung von Normen

Menschen sind allesamt gewohnt, ihre Sprache auf eine bestimmte Art zu nutzen. Fehlt ein Wort oder ist ein Wort am falschen Platz, fällt das sofort auf. Werbetreibende können das nutzen, um Aufmerksamkeit zu generieren. Beispiel: „Das König der Biere" von König Pilsener.

Negation

Unter einer Negation versteht man in der Linguistik eine bewusste Verneinung. Ähnlich wie in der Mathematik stellt die Sprache auch den Wert an sich dar und setzt gleichsam ein Minus-Zeichen davor: „Schmilzt im Mund, nicht in der Hand" – ein Claim, der für M&M-Schokolinsen wirbt. Die „Hand" ist ja da, wird erwähnt, aber quasi mit einem sprachlichen Minus-Zeichen davor: „nicht". Eine Negation ist oft schwierig, da sie die Inhalte ja vermittelt und nicht etwa verschweigt oder unterschlägt. Beispiel: Denken Sie jetzt nicht an einen Elefanten. Und schon ist das Bild eines Elefanten vor dem geistigen Auge aufgetaucht. Diesen psychologischen Effekt sollte man bei solcher Art Claims immer mitdenken.

Orthografische Gestaltung

Ein Kreativer kann als schöpferischen Akt die allgemeingültige Rechtschreibung innerhalb eines Claims absichtlich verfremden, um Aufmerksamkeit zu erzeugen, ähnlich wie bei Stilmittel 15, der Missachtung von Normen. Beispiel: „HauptSache schönes Haar" von Schwarzkopf, das „S" in „HauptSache" ist großgeschrieben. Das sogenannte Binnenversal (die Binnenversalie oder Binnenmajuskel) wurde zur Steigerung der Aufmerksamkeit genutzt und um darauf aufmerksam zu machen, dass „Haupt" auch für „Kopf" steht.

3.2 Sprachliche Dimensionen von Claims

Die Binnenversalie ist allerdings mit Vorsicht zu genießen, da sie inzwischen mehr als abgedroschen ist. Das reißt niemanden mehr vom Hocker. Eine Sonderform der orthografischen Gestaltung ist die Intarsie. Eine Intarsie ist ursprünglich eine Einlegearbeit aus Holz (oder Metall) in einem andersfarbigen Holz, beispielsweise bei Wappen, die in einen Parkett-Fußboden eingearbeitet wurden. Beispiel: „SchreIBMaschine" (IBM), also ein Wort, in die Marke selbst als ein zweites Wort vorkommt und durch die Großbuchstaben hervorgehoben wurde. Auch die Intarsie ist nicht mehr wirklich neu und wirkt etwas abgegriffen.

Paradoxien
Reizvolle Claims entstehen häufig durch Kontrastierungen auf der Basis eines scheinbaren Widerspruchs. Dieses Stilmittel ist auch als Paradoxie bekannt. Beispiel: „Einfach riesig, der Kleine." von Peugeot.

Parallelismen
Einen guten Satzrhythmus kann man mit Parallelismen erzeugen, und Rhythmisierung ist eine gute mnemotische Technik, um Inhalte im Gedächtnis zu verankern. Das unterstreicht die Glaubwürdigkeit. Beispiel: „Gute Preise, gute Besserung" von Ratiopharm.

Personifizierung
Wird ein Produkt vermenschlicht, kann man das als Personifizierung bezeichnen. Dieses Prinzip erzeugt häufig Emotionen und verstärkt die Beziehung der Rezipienten zum Angebot – funktioniert aber nicht mit allen Waren oder Dienstleistungen. Beispiel: „Ihr Salat freut sich auf Livio".

Reime
Reime eignen sich gut, um sich an Inhalte zu erinnern (Brune 2018). Nicht umsonst reimen sich Eselsbrücken oft. Claims mit Reimen sind ein wenig aus der Mode gekommen, das heißt aber nicht, dass gereimte Claims nicht mehr funktionieren. Beispiel: „Wenn einem so viel Gutes widerfährt, das ist schon einen Asbach Uralt wert." Dieser Claim ist schon ein paar Jahre alt, ruft aber bei einer etwas älteren Zielgruppe durchaus noch Erinnerungen wach. Der Claim bewirbt den Weinbrand Asbach Uralt, benannt nach dem Unternehmer Hugo Asbach. Der Spruch war so weit verbreitet, dass der Familienname inzwischen umgangssprachlich zum Synonym für „uralt" beziehungsweise „veraltet" geworden ist (Saal 2014).

Schlüsselwörter
Vermeintlich spezifische Schlüsselwörter werden schnell generisch, wenn sie nur häufig genug innerhalb einer Branche oder eines Industriezweiges eingesetzt werden. Schlüsselwörter sind demnach Wörter, die kennzeichnend für einen Sektor sind. Der Hochschulbereich zum Beispiel nutzt gerne Schlüsselwörter wie „international", „interdisziplinär" oder auch „innovativ". Diese Wörter sind durch die Breite und Häufigkeit ihrer Verwendung schon stark abgenutzt; Aufmerksamkeit erreicht eher diejenige unter den 428 Hochschulen in Deutschland, die diese Wörter nicht nutzt (Bauer 2017).

Um diese Abnutzung zu umgehen, sollte ein Schlüsselbegriff entweder in einen authentischen Kontext eingebunden werden – oder in einen einzigartigen Kontext. Ideal wäre eine Kombination aus beidem.

Semantische Aufwertung
Hyaluronsäure ist ein Glycosaminglykan, das im Bindegewebe des Menschen vorkommt. Glycosaminglykane sind biologische Makromoleküle, also kleinste Bestandteile von Lebewesen. Warum ist hier die Rede von Makromolekülen? Weil das Wort „Hyaluronsäure" bekannt ist, „Glycosaminglykan" oder „Makromolekül" dagegen nicht. „Hyaluronsäure" ist ein modisches Wort in der Kosmetikindustrie, das durch Werbung und Marketing aus seinem ursprünglich wissenschaftlichen, biologischen Zusammenhang herausgehoben und bekannt gemacht wurde.

Die Technik, ein eigentlich unbekanntes oder schwer verständliches Wort zum Hingucker in einem Claim zu machen, nennt sich semantische Aufwertung. Natürlich versteht die Zielgruppe nicht den biologischen Zusammenhang dahinter, doch das Wort klingt reizvoll und wissenschaftlich. Die unbekannte Bedeutung wird zum Teil vom Rezipienten mit eigenen, positiven Vorstellungen aufgefüllt. In der Biologie ist „Hyaluronsäure" eigentlich ein recht banaler Begriff, der durch die semantische Aufwertung zu einer Art Zauberwort gemacht wurde. „Lipide" wäre auch so ein Beispiel; ein „Lipid" ist ursprünglich lediglich die Bezeichnung für einen Stoff, der größtenteils nicht in Wasser, sondern in Fett löslich ist – Fette sind eine Untergruppe der Lipide.

In der Kosmetikindustrie werden oft derlei Stilmittel genutzt, das geht sogar so weit, dass ganze Begriffe erfunden werden. Werbeanzeigen nutzen tatsächliche oder vermeintliche wissenschaftliche Fachbegriffe in einem neuen Kontext, da geht es häufig nicht nur um den Claim, sondern auch um den Text der Anzeige selbst.

Superlative
Ein Claim, der Einzigartigkeit suggerieren will, kann sich der Superlative bedienen. Die Barmer Krankenkasse war einst die größte Krankenkasse Deutsch-

lands, und so lautete auch ihr Slogan: „Deutschlands größte Krankenkasse". Später wechselte die Barmer zu „die gesund experten", vermutlich, da die Techniker Krankenkasse nun die größte Krankenkasse Deutschlands war. Stellt ein Claim eine Tatsachenbehauptung auf, also eine faktisch überprüfbare Behauptung und keine bloße Meinung, dann muss die Behauptung auch der Sachlage entsprechen. Erst recht bei einem Superlativ.

Wortkreuzungen
Wortkreuzungen entstehen, wenn Teile von Wörtern miteinander zu einem neuen Wort formiert werden. Das Wort „Minikolaus" (Ritter Sport) beispielsweise ist eine Kreuzung aus „mini" und „Nikolaus" (Janich 2013, S. 206; Görg 2005, S. 63) – und bezeichnete eine hierzulande saisonal angebotene Schokoladen-Hohlfigur.

Wiederholungen
In einem Claim können Werbetreibende Wörter, Bedeutungen oder Laute wiederholen, um Inhalte ins Gedächtnis der Zielgruppe zu treiben. Beispiel: „Das einzig wahre Warsteiner". Das kann interessant wirken und Aufmerksamkeit wecken, wenn es originell und kreativ ist. Bei einer plumpen Machart wirkt es eher abschreckend oder langweilig.

3.2.3 Case Study: Schlüsselwörter und Spitzenreiterwörter visualisieren und vermeiden

Bei Stilmittel 22, den Schlüsselwörtern, wurde bereits die Herausforderung angesprochen: Solche Wörter neigen dazu, generisch zu werden, weil sie besonders in spezifischen Branchen oder Industriezweigen (zu) häufig in den Claims verwendet werden. Auf der anderen Seite sind Schlüsselwörter nun einmal in besonderem Maße kennzeichnend für einen Sektor. Dieses Spannungsfeld und wie man damit umgehen kann, soll eine regionale Fallstudie an Schul-Claims am Niederrhein illustrieren. Im Zentrum der Erhebung stand die Frage: Inwiefern können sich Einrichtungen wie Schulen, die sich in ihrem Angebot in besonders hohem Maße ähneln, mit Hilfe von Claims überhaupt positionieren?[1]

Der Raum Mönchengladbach/Viersen ist regional recht dicht besiedelt, es gibt insgesamt 61 Schulen. Davon hatten 17 Schulen unterschiedlicher Schultypen

---
[1] Eine kurze Zusammenfassung ist im Rahmen einer umfangreicheren Studie über die digitale Kommunikation der Schulen aus Mönchengladbach und Viersen bereits veröffentlicht worden (Bauer 2018c).

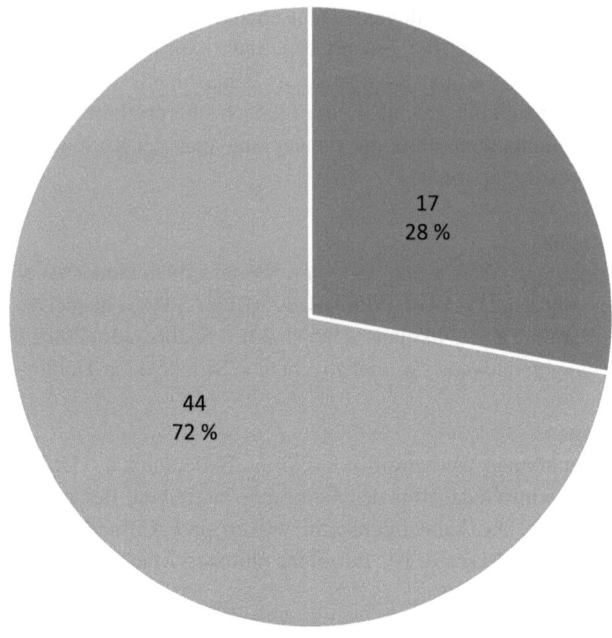

Abb. 3.1 Claim-Nutzung an Schulen im Raum Mönchengladbach und Viersen (Niederrhein)

(Gesamtschulen, Berufskollegs, Gymnasien usw.) einen Claim, also rund 28 % (Stand: März 2018; siehe Abb. 3.1).

Claims als verdichtete, komprimierte sprachliche Schöpfungen bieten sich für lexikalische Untersuchungen besonders gut an. Eine quantitative Auswertung der Wortstämme der Schul-Claims zeigt: Verhältnismäßig viele Begriffe wiederholen sich über alle Claims hinweg. Eine Häufigkeitsanalyse der Wörter, die in den Claims genutzt wurden, fördert die Spitzenreiterworte zutage. Insgesamt setzten sich alle 17 Claims aus 67 Wörtern zusammen, davon 46 verschiedene Wörter (Lexeme). Ein Claim war innerhalb der Erhebung durchschnittlich vier Wörter lang, die Claims waren höchstens sieben und mindestens ein Wort lang. Die Claims lauten im Einzelnen:

1. Mitten in Gladbach, mitten im Leben!
2. Lernen – Leben – Gestalten

3.2 Sprachliche Dimensionen von Claims

3. Schule leben
4. Leben. Lernen.
5. Eine Investition in die Zukunft
6. Ihr Partner für berufliche Bildung
7. Sich wohl fühlen, etwas leisten, Verantwortung übernehmen
8. Deine Zukunft ist unser Ziel!
9. Lernen[3]
10. Verantwortung – Leistung – Kreativität
11. Mehr als Schule
12. Rundum lebendig
13. Wir sind viele. Wir sind vielfältig.
14. Eine Schule im Grünen
15. gemeinsam: leben – lernen – leisten
16. Die Ganztagsschule im Herzen der Stadt
17. Entdecken – Lernen – Verstehen

Nimmt man Artikel oder Wörter wie „für", „als" oder „in"/„im" aus der Erhebung aus, da ihnen nur eine grammatische, aber keine inhaltlich-informationstragende Bedeutung zukommt, lassen sich die Spitzenreiterwörter schnell finden (siehe Abb. 3.2): Sechs Mal kamen die Begriffe „Leben" und „lebendig" vor, „lernen" fünf Mal. Die Wörter „Schule" und Kombinationsbegriffe (also Komposita) mit „Schule" tauchten vier Mal auf. „Leistung" und ähnliche sowie „Zukunft" und „Verantwortung" waren seltener. Ein einzelner Claim kann dabei auch aus mehreren sol-

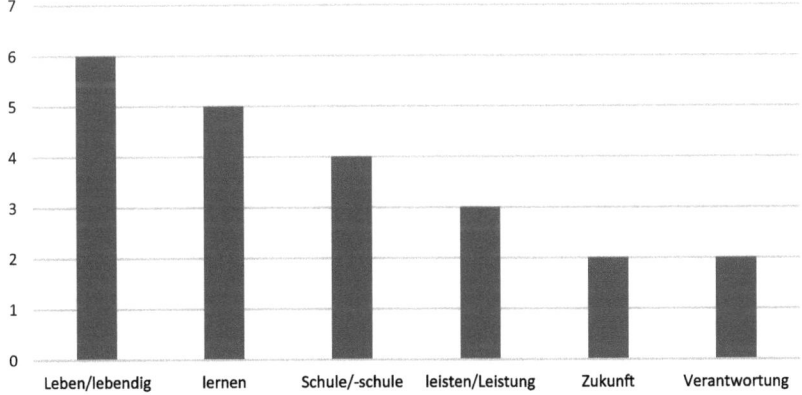

Abb. 3.2 Statistische Spitzenreiterwörter in den Claims der Schulen in Mönchengladbach und Viersen (Niederrhein)

cher Schlagwörter bestehen (Bauer 2018c, S. 46). Diese Häufigkeiten deuten bereits an, dass viele Claims und deren Aussagen alles andere als einzigartig sind.

In der Folge kommt man schnell zu dem Schluss, dass die Schulen von den Spitzenreiterwörtern wegmüssen, weil sie zu austauschbar sind. Die Claims sind einander zu ähnlich und im Grunde belanglos und überflüssig; man könnte die meisten Claims eigentlich weglassen.

Generell gilt: Besser keinen Claim als einen austauschbaren oder schlechten. Gerade in den Bereichen Public Marketing, Sozialmarketing oder bei kleinen und mittleren Unternehmen (KMU) ist es oft hilfreicher, die Finger von einem eigenen Claim zu lassen, als sich mit einem schlechten Claim durchs Leben zu quälen. Besser wäre es oft, im Sinne eines klaren Namings einfach die Marke sprechen zu lassen (im Zweifelsfall sind die Schulen aufgrund ihrer spezifischen Namen und fallweise Namensgeber vor Ort ohnehin bekannt). In der Fallstudie zeigt sich jedenfalls, dass die Schulen wohl ursprünglich die Absicht hatten, sich stärker voneinander abzugrenzen als nur über die Namen – dafür spricht der Umstand, dass sie die eigene Marke auch über Claims zu kommunizieren versuchen.

Eine Analyse der Claims innerhalb des Wettbewerbs, der Branche oder hier: innerhalb eines regional eng gefassten Raums, kann über das in Abschn. 2.4 vorgestellte Netzdiagramm hinaus auch mittels einer Visualisierung der Spitzenreiterwörter innerhalb der bestehenden Claims vorgenommen werden. Dazu werden die Spitzenreiterwörter, die in der Liste der Claims recherchiert wurden, im ersten Schritt (gegebenenfalls auch unterschiedlich) markiert. In einem zweiten Schritt können die Claims mit Spitzenreiterwörtern oder sich anderweitig ähnelnde Claims verbunden werden. Das Vorgehen illustriert Abb. 3.3 anhand der Claims der Fallstudie.

Wie soll ein Rezipient die Claims „Lernen – Leben – Gestalten" und „Leben. Lernen." auseinanderhalten? Oder: Was soll ein Empfänger von dem Claim „Lernen[3]" halten? Soll die hochgestellte Drei bedeuten, dass es um „Lernen mal lernen mal lernen" geht? Und wenn man weiß, dass in der Mathematik die Multiplikationszeichen in Formeln auch weggelassen werden, heißt es dann „Lernen Lernen Lernen"? Das klingt nicht mehr nach einer Schule, auf die Schülerinnen und Schüler gerne gehen; das klingt auch nicht nach Claim, sondern nach den Eltern und dem Lehrkörper, die die Kinder zum Lernen antreiben …

Bleibt die Frage, wie sich ein überzeugender, positiver Claim mit Alleinstellungsmerkmal erzeugen lässt. Unter den Rahmenbedingungen Schule und regionaler Verortung ist das nicht leicht. Es erinnert an den Bereich Versicherungen, in dem auch nicht alle Marktteilnehmer hundertprozentig unverwechselbare Claims nutzen (siehe das Beispiel in Abschn. 3.3.2). Kreativität hat im Übrigen auch nicht immer etwas mit dem Einsatz von viel Geld zu tun, sondern eher mit der Frage, ob ein Verantwortlicher die Tragweite des Unterfangens erkennt und ob er sich der Sache systematisch nähern kann.

3.3 Wirkung von Claims

1. Mitten in Gladbach, mitten im Leben!
2. Lernen - Leben - Gestalten
3. Schule leben
4. Leben. Lernen.
5. Eine Investition in die Zukunft
6. Ihr Partner für berufliche Bildung
7. Sich wohl fühlen, etwas **leisten**, *Verantwortung* übernehmen
8. Deine Zukunft ist unser Ziel!
9. Lernen[3]
10. *Verantwortung* - **Leistung** - Kreativität
11. Mehr als Schule
12. Rundum lebendig
13. Wir sind viele. Wir sind vielfältig.
14. Eine Schule im Grünen
15. gemeinsam: leben - lernen - leisten
16. Die Ganztagsschule im Herzen der Stadt
17. Entdecken - Lernen - Verstehen

Abb. 3.3 Visualisierung der Spitzenreiterwörter innerhalb der Schul-Claims im Raum Mönchengladbach und Viersen (Niederrhein)

Bei Schulen, die sich in ihrem Leistungsportfolio von außen nur schwer unterscheiden lassen, bietet sich möglicherweise an, sich auf die örtlichen Merkmale zu fokussieren. Interessanterweise haben das in der Fallstudie einige wenige Schulen zu nutzen versucht: „mitten" tauchte zwei Mal auf, „im Grünen" und „im Herzen" ebenfalls, was wie „mitten" eine Metapher für die Lokation der jeweiligen Schule ist; insgesamt also wurde vier Mal ein Begriff genutzt, der den Ort beziehungsweise die örtlichen Begebenheiten beschreibt. So kann eine Abgrenzung vorgenommen werden, die bei den (lokalen) Rezipienten funktionieren wird und die dann idealerweise wirksame Claims erzeugt.

3.3 Wirkung von Claims

Welche Wirkung können Claims entfalten? Wie kann man diese verstärken? Und wie gelingt es, die Wirkung überhaupt zu messen? Fragen, auf die nicht nur die Kunden von Agenturen zu Recht eine belastbare Antwort fordern.

Die Forschung an der Wirkung von Claims ist grundsätzlich durch eine Werbe-, Media- oder Marktforschung möglich. Natürlich ist ein Claim immer interpretierbar. Die Wirkung in einer bestimmten Bevölkerungsgruppe ist jedoch immer messbar, unabhängig vom Bauchgefühl, mithilfe einer faktenbasierten und methodenbasierten Einschätzung. Die Marktforschung kennt viele Messinstrumente, wie Pretests, Posttests, Claimtests, Anzeigentests, Kampagnentests und auch Vorher-Nachher-Vergleiche.

Beliebt und gut erforscht sind auch Tests mit Kontrollgruppen. In diesen Tests erforschen Wissenschaftler das Verhalten von zwei Gruppen von Testpersonen oder Probanden: Die eine Gruppe hat den Claim gelesen, die andere kennt ihn nicht. Sind die Gruppen ansonsten so gut wie identisch, was die Zusammensetzung angeht (zum Beispiel gesellschaftliche Schichten, Geschlechter, Altersgruppen und so weiter), dann kann man davon ausgehen, dass unterschiedliches Verhalten mit dem Claim in Zusammenhang steht.

Flankierende Elemente wie Marktforschung sind ein gutes Mittel, um die Wirkung und damit die Berechtigung eines Claims abzusichern und aus dem Bereich des reinen Bauchgefühls herauszuholen. Über Zahlen lässt sich schlecht streiten. Allerdings sind die Zusammenhänge selten so stark und so eindeutig, dass ein Claim direkt für steigende Verkaufszahlen verantwortlich gemacht werden kann. Ein Claim ist immer nur ein Teil einer Kampagne oder eines Marketing- oder Werbe-Gesamtvorhabens, und es ist schwierig, einen Erfolgsfaktor eindeutig zu isolieren.

Das Markenverständnis im Kopf der Konsumenten oder der Zielgruppe setzt sich aus vielen Faktoren zusammen. Ein Claim an sich kann nie alleine eine Markenführung bestimmen oder zum Erfolg führen, er ist immer in einen Kontext eingebettet, aus Preis und Image beispielsweise.

3.3.1 Erfolgsfaktoren von Claims

Doch was ist die wichtigste Zutat, die aus einem einfachen Claim einen sensationellen macht? Praktiker und Theoretiker sind sich einig: Es ist Originalität. Zu dem Ergebnis ist eine Umfrage des Art Directors Club (kurz: ADC; Berufsverband führender Art-Direktoren aus der Werbebranche) gekommen, zu der der Club sowohl Theoretiker als auch Praktiker befragt hatte (Trommsdorff und Becker 2001).

Man kann allerdings nicht Originalität als wichtigsten Erfolgsfaktor eines Claims ausmachen, ohne gleich eine Einschränkung mitzuliefern. Denn Kreativität und damit Originalität werden immer situativ erlebt. Was gestern noch bejubelt wurde, ist morgen vielleicht schon kalter Kaffee. Oder, anders formuliert: Ein Claim, der in den 1980er-Jahren mal interessant war, würde heute keinen Anklang mehr finden, außer als schlechtes Beispiel (Fruchtzwerge: „So wertvoll wie ein kleines Steak", 1981; Beiersdorf: „Bei mir wirkt 8×4", 1985).

3.3 Wirkung von Claims

Es mag zwar Claims geben, die die Zeit überdauern, doch das ist eher der Einzelfall. Auch der Schaffensprozess selbst kann die Wirkung eines Claims einschränken. Während des Schaffensprozesses findet der Claim großen Anklang – vielleicht, weil sich das Team so gut versteht oder weil gerade ein großer Kunde gewonnen wurde. Und schon bei der ersten Präsentation außerhalb dieser Situation erntet der Claim nur zweifelnd hochgezogene Augenbrauen. Es lohnt sich, derlei Faktoren bei der Entwicklung mitzudenken.

Zusätzlich sollte man sich an einen Claim erinnern können (die Fachliteratur spricht hier vom sogenannten Recall). Klappt das nicht, hat der Claim versagt. Es dauert Untersuchungen zufolge rund drei Jahre, bis ein neuer Claim im Gedächtnis der Konsumenten verankert ist, bis also ein neuer Claim einen alten ersetzt hat (siehe das Beispiel von Ford in Abschn. 2.1). Idealerweise deckt sich diese Zeitspanne mit der Zeitplanung der Strategie eines Unternehmens.

Um die Erinnerungsleistung zu verstärken, kommen verschiedene Möglichkeiten ins Spiel – etwa ein Jingle, also ein kurzes Musikstück, das wie eine Mnemotechnik funktioniert (Samland 2006, S. 121; Görg 2005, S. 88–89). Ist der Claim dann auch noch gereimt, steigt die Erinnerungsleistung erneut (Brune 2018). Das bedeutet, dass mehr Menschen weniger Zeit brauchen, um den Claim länger im Gedächtnis zu behalten. Im Idealfall kommt dabei auch noch ein Ohrwurm heraus. Marken wie Exquisa oder Bärenmarke haben oder hatten beispielsweise so einen Ohrwurm generieren können. Aber auch kurze Tonfolgen wie bei der Telekom können sich im Kopf der Rezipienten fest verankern.

Bei der Herstellung eines Jingles gibt es im Grunde zwei Möglichkeiten: ein Stück neu komponieren oder ein bekanntes Werk nutzen (oder Teile davon). Das können zum Beispiel Kinderlieder sein, Volkslieder, Schlager, generell bekannte Lieder. Es gibt auch viele Werke aus der Klassik mit hohem Bekanntheitsgrad. Erfolgreich waren in der Vergangenheit zum Beispiel:

- Choco Crossies mit einem umgedichteten „La Donna e Mobile" von Giuseppe Verdi: „Oh wie verführerisch sind Choco Crossies" (2003)
- Underberg-Bitter mit einer Claim-Melodie aus dem „Colonel Bogey March" von Kenneth J. Alford
- Bonduelle-Dosengemüse mit dem Radetzky-Marsch (Armeemarsch II, 145) von Johann Strauss (Vater)

Menschen erkennen die Stücke wieder, ohne den Komponisten oder den Titel wiedergeben zu können. Auch moderne, aktuelle Hits kommen hier infrage, wenn der Kontext stimmt und wenn die Bedeutung oder die Konnotation eines Stücks nicht die Intention des Claims überschreibt. Auch ein Sommerhit oder der Song aus einer Fußballgroßveranstaltung kann funktionieren, wenn das Produkt zu dieser Konnotation passt (und sich der Song noch nicht überholt hat). Gegenbeispiel: Ein Rammstein-Song kann noch so eingängig und merkfähig sein, er wird sich nicht für alle Produkte eignen.

Neben der Wiedererkennbarkeit und der Ohrwurm-Qualität muss ein solches Stück zur Kampagne oder zum Claim passen. Selbstverständlich müssen auch Urheberrechte beachtet und gegebenenfalls Nutzungsrechte eingeholt werden. Manche Volkslieder oder Klassik-Stücke sind zwar an sich nicht mehr an ein Urheberrecht gebunden, einfach, weil sie schon so alt sind. Trotzdem kann ein Orchester oder ein Interpret noch eigene Rechte an einer Aufführung haben.

3.3.2 Claims in Spannungsfeldern

Bei der Erschaffung von Claims gibt es im Grunde genommen immer ein Spannungsfeld. Claims sollen einzigartig sein, originell, kreativ und die Zielgruppe soll über sie sprechen. Gleichzeitig sollen Claims eine möglichst hohe Reichweite erzielen, also möglichst allen gefallen. Diese Eigenschaften schließen sich gegenseitig so gut wie aus – was vielen gefällt, kann eben nicht besonders einzigartig sein; Ausnahmen gibt es hier natürlich auch.

Trotzdem gibt es Claims, die einen starken Trend setzen können, sowie Claims, die kaum von denen eines Mitbewerbers unterscheidbar sind. In dem Zusammenhang spielen Modebegriffe eine Rolle. Damit sind Wörter oder Wortkombinationen gemeint, die aktuell häufig gebraucht werden. Google Trends hat zum Beispiel für 2018 diese häufig gesuchten Begriffe identifiziert:

- WM
- Daniel Küblböck
- Jens Büchner
- Avicii
- Medaillenspiegel
- Olympia
- Meghan Markle
- Mondfinsternis
- Euro Lira
- Hochzeit Harry Meghan

Eines der großen Themen 2018 war also die Hochzeit eines britischen Thronfolgers. Jetzt kann man auf diesen Zug aufspringen und in thematischer Nähe Pro-

3.3 Wirkung von Claims

dukte anbringen oder man macht es wie Sixt und veröffentlicht Werbeanzeigen, die auf aktuelle Berichterstattung Bezug nehmen: „Mit 1.000.000 €/Jahr noch Mittelklasse – Mit 99 €/Tag schon Oberklasse" titelte Sixt beispielsweise auf einer Anzeige, die neben einem Audi auch noch den CDU-Politiker Friedrich Merz zeigte, der sich selbst mit einem Einkommen von über einer Million Euro brutto pro Jahr nicht zur Oberklasse zählen lassen wollte.

Modebegriffe oder aktuelle Themen können sich als zweischneidiges Schwert erweisen, wenn die Deutungshoheit dem Werbetreibenden abhandenkommt. Es kann zum Beispiel vorkommen, dass ein sehr guter Claim mit einem aktuellen Begriff arbeitet und dieser Begriff von anderen Menschen aufgegriffen und umgedeutet wird. Das ist dann nicht immer im Sinne des (Claim-)Erfinders.

Beispiel: Claims und die Liebe. Anfang der 2000er-Jahre kamen viele Claims auf den Markt, die alle das Lexem „Liebe" verwendeten. Ein Lexem bezeichnet eine sprachliche Bedeutungshoheit, die von der eigentlichen Form des Wortes unabhängig ist. McDonald's hatte zum Beispiel „Ich liebe es", Condor „Wir lieben Fliegen", die Johanniter hatten „Aus Liebe zum Leben"; Volkswagen nutzte „Aus Liebe zum Automobil" und Pfanni „Liebe, die man schmeckt". Ein bestimmter Begriff ist hier Mode geworden: Liebe. Hier geht es nicht in erster Linie um Ideenklau, sondern um einen Modebegriff, ein Phänomen (Hahn 2004). Und dieser Modebegriff erfreute sich sogar zehn Jahre später noch guter Konjunktur (Koch 2014).

Ein zweites Phänomen, das Claims in Spannungsfelder bringen kann, ist die Austauschbarkeit. Das ist vor allem in Branchen ein Thema, in denen die Leistungs- und Produktportfolios der Anbieter sehr ähnlich sind. In der Folge ähneln sich auch die Claims häufig, oder sie bewegen sich auf einem thematisch sehr ähnlichen Feld.

Beispiel: Versicherungen und Sicherheit

„Die neue Zeit der Sicherheit" heißt es bei Deutscher Herold; „Träume brauchen Sicherheit" bei den Aachen-Münchenern. „Wir unternehmen Sicherheit" lautet der Slogan von Gerling – das ist sprachlich auffällig (weil metaphorisch schief), da hier auch der Begriff „Unternehmen" in Verbalform eine Rolle spielt (Gerling war eine Versicherung, die sich zu den Marktführern der Industrieversicherer in Europa entwickelt hatte). „Schutz und Sicherheit im Zeichen der Burg" hieß es mal bei der Nürnberger Versicherung und „Alle Sicherheit für uns im Norden" bei der Provinzial. Es ist kein Zufall, dass sich die Claims hier ähnlich sind, und es ist auch kein Modephänomen. Man könnte es allenfalls als unkreativ bezeichnen. Görg (2005, S. 125) ◄

Allerdings gibt es im Bereich Versicherungen zum einen auch nicht sehr viele Synonyme für das Thema „Sicherheit"; zum anderen legt das Thema selbst Wortspiele (aus Sicht der Rezipienten, die hier wohl eher Seriosität erwarten) auch nicht unbedingt nahe. Mit Hilfe des in Abschn. 2.4 vorgestellten Netzdiagramms können Kreative und Unternehmen derlei thematische Ausrichtungen gut abbilden.

3.3.3 Provokationen und Grenzen von Claims

Kreative können und sollten nicht jede Idee am Markt durchsetzen. Es gibt ethische und moralische Grenzen, zudem gibt es auch immer noch so etwas wie guten Geschmack. Die Gegenannahme gilt ebenfalls – nicht alles, was durch die Marktforschung glattgeschliffen wurde, ist auch kreativ und originell (siehe Ikea, Abschn. 2.1). Ein gewisser Mut und eine gewisse Progressivität sind durchaus gefragt, und das dürfen Kunden von Agenturen auch erwarten; aber sie dürfen eben auch erwarten, dass der Claim nicht nach hinten losgeht und ihnen einen Shitstorm beschert.

> **Beispiel: Fragwürdige Claims**
>
> Einfach nur schlechte, flache Witze reichen oftmals schon aus und ein neuer Claim ist geboren. Ob das immer der richtige Weg ist, darf durchaus hinterfragt werden. So wirbt beispielsweise ein Lebensmittelhändler im Ruhrgebiet mit dem offensichtlich sexuell konnotierten Claim „Wer Hakans Eier kennt, der geht nicht fremd". Auch im nächsten Beispiel lässt sich eine sexuelle Konnotation unterstellen: Auf den Fahrzeugen eines Tief- und Straßenbau-Unternehmen aus Duisburg prangt groß der Claim „Wenn andere schlapp machen – verlegen wir immer noch Rohre!" Und einfach nur derbe ist der Claim eines Unternehmens für Rohrreinigung und Containerdienst aus dem Raum Münster-Osnabrück, das den plakativen und sehr bildlichen Claim „Mit Attacke auf die Kacke!" nutzt. ◀

Ende der 1990er-Jahre hatte Nokia eine Kampagne gestartet, in der es um ein Mobiltelefon in der Zeit vor dem Smartphone ging. Das Alleinstellungsmerkmal des neuen Handys war: Nutzer konnten Teile der Plastikhülle austauschen und dem Gerät so eine neue Optik geben, was ein wenig mehr Individualität mit sich brachte. Der Slogan lautete „Jedem das Seine, mit x-press-on-Covers". Der Spruch „Jedem das Seine" prangte über dem Eingang des Konzentrationslagers Buchenwald – Nokia und die beteiligten Kreativen hatten das erst nach Start der Kampagne be-

3.3 Wirkung von Claims

merkt. Das American Jewish Committee und die Grünen hatten die Einstellung der Kampagne gefordert (Haase 1998a). Die Kritik an der Kampagne ebbte auch Tage später noch nicht ab, da es nicht gelungen war, alle Plakate zeitnah wieder zu entfernen (Haase 1998b).

Ähnlich warfen sich Esso und Tchibo im Jahr 2009 einen Knüppel zwischen die Beine: An rund 700 Tankstellen warben die Firmen für die Sortenvielfalt des Kaffeeherstellers mit dem Spruch „Jedem den Seinen, von Macchiato bis Espresso, Tchibo Kaffeespezialitäten gleich hier an der Tankstelle" (Kühn 2009). Das fand auch der Deutsche Werberat erschreckend. Denn der Sachverhalt ist natürlich nicht nur bis an die Grenzen der Dummheit ignorant und geschichtsvergessen, sondern auch eine wirtschaftliche Pleite – der Slogan beschädigt das Image, statt es aufzupolieren. Jeder Kunde von Agenturen darf erwarten, dass Kreative ihre Claim-Ideen auf derlei historische Bedeutung und folglich auf Potenzial für Shitstorms abklopfen. Die Schuld schoben sich Tchibo, Esso und deren Agentur gegenseitig zu (Kühn 2009). Die taz kritisierte die Ignoranz der Verantwortlichen damals scharf:

> „Doch bei ‚Jedem das Seine' scheint auch wiederholtes Entsetzen und Pochen auf die Historie nicht sehr lehrreich zu sein. Denn das Gedächtnis der Werbewirtschaft versagte bereits zuvor – und zwar mehrmals: 1998 bei Nokia und Rewe, 1999 bei Burger King und 2001 bei der Münchner Merkur Bank. Alle Aktionen nutzen Variationen des Satzes und endeten damit, dass die Unternehmen sich für den Ausrutscher ins Nazi-Sprachgut entschuldigten. Prospekte, Poster und Handzettel wurden eingestampft. Die Erinnerung an das Missgeschick scheinbar auch." (Kühn 2009)

Von derlei moralischen und ethischen Grenzen abgesehen, kann man mit einer auf den ersten Blick unpassend erscheinenden Botschaft auch provozieren und den so entstehenden Aufmerksamkeits-Effekt nutzen. „Geiz ist geil" von Saturn beispielsweise funktionierte auf diese Weise, das ist in Abschn. 2.1 bereits angeklungen (Samland 2006, S. 132; Görg 2005, S. 17–18). In seinem Buch „Wie uns der Teufel reitet" beschreibt der Psychologe Heiko Ernst (2006) das Wechselspiel des Claims mit den Todsünden aus der katholischen Kirche wie Neid oder eben Geiz. Provokante Claims wie dieser werden oft auch über Fachkreise hinaus diskutiert (Stolte 2008), und der Slogan ist sogar zu einer Redensart geworden: die sogenannte Geiz-ist-geil-Mentalität oder die Geiz-ist-geil-Generation. Für den Urheber ist das schmeichelhaft, schließlich hat er bewiesen, dass er für Reichweite im Sinne eines breiten Publikums sorgen kann. Doch der Ruhm wird zweischneidig, wenn der Claim nach hinten losgeht.

In einer ähnlichen Sphäre bewegt sich das Beispiel „Scheiß auf den Preis" von Ryanair. Die Fluggesellschaft hat diesen Claim sogar selbst wieder abgesetzt – den Verantwortlichen wurde offenbar die Verachtung bewusst, die hinter dem Slogan steckt (Samland 2006, S. 132). Umgangssprachlich verwenden viele Menschen ähnliche sprachliche Konstrukte im Alltag, aber Claims bewegen sich nun mal auf einer wesentlich größeren Bühne und müssen daher härteren Qualitätsanforderungen genügen. Was man sich im persönlichen Gespräch zuraunt und was vielleicht auch im Pausenraum noch durchgeht, ist auf einer Plakatwand und in bundesweiter Verbreitung etwas ganz anderes.

Bei zu provokanten Claims tritt die sogenannte Selbstregulierung ein (Samland 2006, S. 132). Unternehmen begrenzen sich selbst, bevor der Shitstorm losbricht. Hier sind alle Beschäftigten gefragt, mitzudenken – vorrangig die Kommunikationsabteilung, aber auch alle anderen, die den Claim sehen und Bedenken haben: „Ist das eine Grenze? Machen wir das, weil es einen Mechanismus nutzt? Ist das eine Strategie? Oder wollen wir vielleicht doch davon Abstand nehmen?".

Beispiel: Doppeldeutige Claims

Die Grenze zwischen einem gelungenen Claim, einer gerade noch gesellschaftsfähigen Provokation und einem Fall für den Papierkorb ist oft schmal. Die Wuppertaler Stadtwerke beispielsweise wollten dafür werben, dass die Fahrgäste der Busse vorne und nicht hinten einsteigen. Also starteten die Stadtwerke um den Jahreswechsel 2015/16 eine Kampagne, die doppeldeutig mit der sexuellen Praktik des Analverkehrs provozierte: Auf den Plakaten riss eine ältere Dame erschrocken die Augen auf, der Claim lautete: „Hinten rein?" Bei einem anderen Motiv mit gleichem Slogan hielt sich eine junge Frau überrascht die Hand vor den Mund. Klar, das erhitzte die Gemüter. Die Wuppertaler Stadtwerke hatten es sogar schon geahnt – und trotzdem veröffentlicht. Der Sprecher Holger Stephan sagte zur Bild-Zeitung: „Das war eine Aktion mit Augenzwinkern. Dass da so heftig drauf reagiert wird, hätten wir nicht gedacht. Wir leben ja nicht mehr in den Fünfzigern …" (Schobelt 2016). Das ist natürlich richtig, doch wenn ein Konzern wie die Wuppertaler Stadtwerke in Haupteigentümerschaft der Stadt Wuppertal in einer Werbekampagne mit sexuellen Doppeldeutigkeiten provozieren will, darf er sich nicht wundern, wenn sich die Menschen dann auch wirklich provoziert fühlen und die Kampagne kritisieren. Aus der Perspektive des Kampagnenmanagements ist darüber hinaus besonders problematisch, dass die Stadtwerke zunächst die Provokation antizipierten, sie entschlossen auslösen wollten, dann aber der öffentlichen Kritik nicht gewachsen waren oder dieser nicht standhielten (was für ein Unternehmen in öffentlicher Eigentümerschaft zweifellos auch eine besonders große Herausforderung war, die man aber ebenfalls hätte antizipieren können). Die Stadtwerke Wuppertal hätten hier natürlich auch gegenhalten können. Sie hätten ihre Kampagne verteidigen können, um ihre Strategie beizubehalten. ◄

3.4 Zusammenfassung: Markenführung mittels Claims als Branding-Element

Die Markenführung mittels Claims als Branding-Element kann ein großer Gewinn sein und eine Marke weit nach vorne katapultieren. Der Entwicklung eines Claims müssen deshalb Strategie und Planung vorausgehen, bevor er im operativen Kampagnenmanagement zum Einsatz kommen kann. Zwei Tools zur systematischen Visualisierung einer Bewertung von Claims wurden hier vorgestellt. Denn es gibt nicht nur gute, schlechte und überflüssige Claims, wie Bernd M. Samland (2006, S. 117–118) kategorisiert, sondern ganz neutral bewertet vor allem auch ungeeignete Claims.

Die Anforderungen an wirksame Claims sind zusammengefasst folgende:

Ein Claim muss etwas Besonderes, Unverwechselbares und Einzigartiges sein, da er das Alleinstellungsmerkmal im Sinne der Markenführung kommuniziert (Bauer 2017, 2020; Samland 2006; Görg 2005).

Claims müssen zur Marke passen, sollten als stimmig wahrgenommen werden und glaubwürdig sein (Görg 2005). Im Claim enthaltene Versprechen sollten eingehalten werden (können).

Vorsicht: Primärsprachlich englische Claims werden häufig falsch übersetzt (Samland 2006, 2011, S. 123–129), weitere Sprachsysteme werden von einem Großteil der Rezipienten möglicherweise gar nicht verstanden und Mundarten könnten unsympathisch wirken.

Claims sollen größtmögliche Wirkung erzielen, müssen kreative Meisterleistungen sein und sollten deshalb idealerweise von Experten entwickelt werden (Görg 2005).

Vor allem im öffentlichen und sozialen Sektor sollte die Organisation partizipativ eng in die Markenkernentwicklung einbezogen werden (Bauer 2017).

Einen einmal gefundenen Claim sollte das Unternehmen oder die Körperschaft als Gesamtheit nach außen vertreten und kommunizieren (Bauer 2017). Deshalb braucht der Markenkern- und Claiming-Prozess viel Zeit (Görg 2005).

Ein Claim ist Chance, Herausforderung und Verantwortung zugleich (Görg 2005). Bevor man sich in Plattitüden ergeht: Besser keinen Claim als einen schlechten Claim!

Literatur

Bauer, Matthias Johannes (2017): Das verschenkte Marketing-Potential. Claims als Instrument der Markenführung bei Hochschulen. In: Wissenschaftsmanagement (3), S. 40–44.

Bauer, Matthias Johannes (2018a): Auf den Punkt bringen. Claims auf dem Seziertisch: Die Markenführung des Deutschlandstipendiums […]. In: duz Wissenschaft & Management (7), S. 28–31.

Bauer, Matthias Johannes (2018b): Markenführung und -kommunikation auf der Homepage und in Social Media. Schulen im Bergischen Städtedreieck zwischen Strategie und Ressourcenknappheit. In: Schulmanagement (2), S. 28–31.

Bauer, Matthias Johannes (2018c): Wie digital sind Schulen in ihrer Kommunikation? Eine Bestandsaufnahme auf Mönchengladbach und Viersen. In: IHK-Magazin (Oktober), S. 46–47.

Bauer, Matthias Johannes (2020): Duales Studium als Unique Selling Proposition in der Markenführung? Das Studienmodell und seine Rolle im Naming und Claiming deutscher Hochschulen. In: Journal Duales Studium (1). Online verfügbar unter https://www.journal-duales-studium.de/de/.

Brandmeyer, Klaus (2002): Achtung Marke. Hamburg: Gruner und Jahr.

Brune, Philipp (2018): Bekanntheitsaufbau durch Markenslogans. Der moderierende Einfluss der Darbietungsmodalität auf die Erinnerung an reimende und nicht-reimende Markenslogans. Unter Mitarbeit von Tobias Langner. Wiesbaden: Springer Gabler (Research). Online verfügbar unter http://www.springer.com/.

Deutschmeyer, Manuel (2015): Bundesland-Umfrage belegt Freistaat Bayern: unsympathisch und doch sympathisch | Bayern. https://www.merkur.de/bayern/bundesland-umfrage-belegt-freistaat-bayern-unsympathisch-doch-sympathisch-5362931.html, zuletzt aktualisiert am 21.08.2015. Zugegriffen: 01.03.2020.

Ernst, Heiko (2006): Wie uns der Teufel reitet. Von der Aktualität der 7 Todsünden. Berlin: Ullstein.

Fritz, Thomas (1994): Die Botschaft der Markenartikel. Vertextungsstrategien in der Werbung. Dissertation. Tübingen: Stauffenburg.

Gawlitta, Ludger (2000): Akzeptanz englischsprachiger Werbeslogans. „let's make things better". Paderborn: IFB-Verl.

Görg, Ulrich (2005): Claims. Claiming als Wertschöpfungsinstrument der Markenführung. Offenbach: Gabal.

Haase, Christian (1998a): KZ-Motto dient als Werbeslogan. In: taz, S. 6 https://taz.de/!1340098/. Zugegriffen: 12.03.2020.

Haase, Christian (1998b): Nokia-Werbung noch da. In: taz, S. 26. https://taz.de/!1338340/. Zugegriffen: 12.03.2020.

Hahn, Alexander (2004): Slogan-Trend: Kommunikation ist Liebe. https://www.slogans.de/magazin/slogan-trend-kommunikation-ist-liebe-9, zuletzt aktualisiert am 29.02.2004. Zugegriffen: 03.03.2020.

Haig, Matt (2013): Brand failures. The truth about the 100 biggest branding mistakes of all time. 2nd edition. London: Kogan Page.

Janich, Nina (2005): Werbesprache. Ein Arbeitsbuch. 2. Aufl. Tübingen: Narr.

Janich, Nina (2013): Werbesprache. Ein Arbeitsbuch. 5. Aufl. Tübingen: Narr.

Janos, Livia (2015): Ellipsen in Slogans. Syntaktische Besonderheiten der deutschen Werbesprache. Hamburg: Diplomica.

Kellerhals, Ursina (2008): „There's no better way to fly". Die Wirkung englischer Slogans in der Deutschschweizer Anzeigenwerbung. Dissertation. Zürich: Rüegger.

Kemmerling-Schöps, Silke (2002): Produktive Wortbildungstypen in der Werbesprache. Dissertation. München: Universität München.

Literatur

Koch, Thomas (2014): Werbesprech: In der Werbung greift der Liebes-Virus um sich. In: Wirtschaftswoche, 29.04.2014. https://www.wiwo.de/unternehmen/dienstleister/werbesprech-in-der-werbung-greift-der-liebes-virus-um-sich/9813902.html. Zugegriffen: 03.03.2020.

Kühn, Annika (2009): Kaffeewerbung mit Spruch aus KZ: Tchibo schiebt Esso Schuld zu – taz.de. https://taz.de/Kaffeewerbung-mit-Spruch-aus-KZ/!5169643/, zuletzt aktualisiert am 14.01.2009. Zugegriffen: 03.03.2020.

Möckelmann, Jochen; Zander, Sönke (1978): Form und Funktion der Werbeslogans. Untersuchung der Sprache und werbepsychologischen Methoden in Slogans. Göppingen: Kümmerle.

Müller, Fabian (2017): „Wir können alles. Außer Hochdeutsch": Baden-Württemberg hat den beliebtesten Slogan aller deutschen Bundesländer. https://www.horizont.net/marketing/nachrichten/Wir-koennen-alles.-Ausser-Hochdeutsch-Baden-Wuerttemberg-hat-den-beliebtesten-Slogan-aller-deutschen-Bundeslaender-156451, zuletzt aktualisiert am 10.03.2017. Zugegriffen: 04.03.2020.

Saal, Marco (2014): Top 10: Die Werbeklassiker aus Deutschland. https://www.horizont.net/marketing/charts/Top-15-Die-Werbeklassiker-aus-Deutschland-130158, zuletzt aktualisiert am 01.09.2014. Zugegriffen: 01.03.2020.

Samland, Bernd M. (2006): Unverwechselbar – Namen, Claim und Marke. Strategien zur Entwicklung erfolgreicher Markennamen und Claims – Fallbeispiele, Tipps und Erläuterungen aus der Praxis. München: Haufe.

Samland, Bernd M. (2011): Übersetzt du noch oder verstehst du schon? Werbeenglisch für Anfänger. Freiburg: Herder.

Schobelt, Frauke (2016): Sexismus-Kritik: Die Plakat-Blamage von Wuppertal. In: werben & verkaufen, 19.01.2016. https://www.wuv.de/marketing/sexismus_kritik_die_plakat_blamage_von_wuppertal. Zugegriffen: 03.03.2020.

Spicko, Gerlinde; Kamleitner, Bernadette (2017): Der Einsatz von Possessivpronomen in der Markenkommunikation. In: transfer – Werbeforschung und Praxis (3), S. 26–33.

Statista (2020). Welche Dialekte hören Sie besonders gerne? https://de.statista.com/statistik/daten/studie/100/umfrage/beliebte-dialekte/. Zugegriffen: 12.03.2020.

Stolte, Katharina (2008): Des Geizes neue Kleider. Ethische Reflexionen zu einer Werbekampagne. Magisterarbeit. Hamburg: Diplomica.

Stumpf, Marcus (2009): Claims als Instrumente der Markenführung. In: Nina Janich (Hrsg.): Marke und Gesellschaft, Bd. 23. Wiesbaden: VS Verlag für Sozialwissenschaften, S. 137–148.

Symmank, Claudia; Beer, Amanda; Zahn, Susann; Rohm, Harald (2019): Sensorische Claims – Lebensmittelwerbung am Point of Sale. In: Sabine Heinemann (Hg.): Werbegeschichte(n). Markenkommunikation zwischen Tradition und Innovation. Wiesbaden: Springer Fachmedien Wiesbaden; Springer VS (Europäische Kulturen in der Wirtschaftskommunikation, 32), S. 171–190.

Trommsdorff, Volker; Becker, Justin (2001): Werbekreativität und Werbeeffektivität. Eine empirische Untersuchung. In: transfer – Werbeforschung und Praxis (3), S. 18–27.

Hashtags im Markenmanagement 4

Zusammenfassung

In diesem Kapitel werden die vielfältigen Anwendungen und Herausforderungen von Hashtags im Rahmen des Markenmanagements untersucht. Zunächst wird die Dynamik zwischen Claims und Hashtags erörtert, wobei die Balance zwischen Einzigartigkeit und Reichweite betrachtet wird. Weiterhin werden Hashtags in Bezug auf ihren Einsatz im politischen Aktivismus und im Marketing untersucht, wobei Phänomene wie Shitstorms, „Bashtags" und Hashtag-Hijacking beleuchtet werden. Ein weiterer Schwerpunkt liegt auf der selektiven Verwendung von Hashtags, einschließlich der Kategorisierung im Content-Marketing, der Definition von Content Receiving Personas und der Entwicklung eines stakeholderbasierten Hashtag-Pools. Abschließend wird die Rolle von Hashtags in der Kampagnenführung betrachtet, um deren Bedeutung im Kontext des Markenmanagements zu verdeutlichen.

4.1 Claims und Hashtags: Einzigartigkeit versus Reichweite

In Zeiten digitaler Kommunikation werden Claims häufig von Hashtags flankiert und beide Werbe-Äußerungen können sogar verschmelzen zu Hashtag-Claims. Ihre Funktionen können in der Markenführung also durchaus zusammenfallen.

Die Entstehung des Phänomens, dass Claims als Hashtags oder mit Hashtags verstärkt auftauchen, kann etwa um das Jahr 2014 datiert werden (Bauer 2021). Das passt zum von Andreas Bernard (2018) dargelegten Sachverhalt, dass Hashtags sowohl im politischen Aktivismus als auch im Marketing verwendet werden; dabei jedoch in zunehmendem Maße im Marketing. Für Hashtags hat Fabian Schudy (2019) herausgearbeitet, dass sie besonders dann erfolgreich sind, wenn sie im sprachwissenschaftlichen Sinne eine sogenannte mittlere Referenz haben. Zur Erklärung: Nach einer besonders breiten Referenz wie beispielsweise bei *#sport* würde weder jemand suchen, noch wäre der Inhalt von Relevanz. Eine besonders enge Referenz wie bei #disneyworldtwerkteam wäre viel zu spezifisch und deshalb ebenfalls irrelevant für die meisten Rezipienten; wirksame Hashtag liegen folglich in der Mitte dieses linguistischen Referenzspektrums (Schudy 2019).

Hashtags sind also erfolgreich, wenn sie eine mittlere Referenz haben, wogegen wirksame Claims in erster Linie prägnant und einzigartig sein sollen; das wurde bereits ausführlich dargelegt. Diese Anforderungen an Hashtags und Claims widersprechen sich folglich, was nicht heißt, dass es nicht erfolgreiche Hashtag-Claims gibt. Aber auch hier gilt: Die Kreation und Wahl des geeigneten Hashtag-Claims sollten sorgfältig geprüft und wohlüberlegt sein (Bauer 2021).

> **Beispiel: Saisonmottohashtag MSV Duisburg**
>
> Der MSV Duisburg untersuchte im Jahr 2021 rückblickend zwei Saisonmottohashtags in einer quantitativen Studie (Römer und Bauer 2021). Die Profiherrenmannschaft spielte in der Saison 2018/19 in der 2. Bundesliga, im Jahr darauf in der dritthöchsten deutschen Spielklasse. Im Rahmen von Marketingkampagnen seitens des Vereins wurden die beiden Saisonmottohashtags #NurMitDir (2018/19) und #Gemeinsam1902 (2019/20) genutzt. Im Untersuchungszeitraum erreichte #NurMitDir alleine auf Instagram über 87.100 Erwähnungen beziehungsweise Verwendungen, während #Gemeinsam1902 nur auf rund 1200 Erwähnungen kam. Diese asymmetrische Verteilung erklären die Autoren einerseits durch die zu enge (linguistische) Referenz von #Gemeinsam1902, der Bezug nimmt auf das Gründungsjahr, nicht aber auf den Namen des Vereins. Andererseits wurde mit #NurMitDir ein unspezifischer, in seiner Referenz wesentlich weiter angelegter Hashtag verwendet – doch der ist auch gleichlautend mit einem Filmtitel aus dem Jahr 2002, einem Liedtitel von Helene Fischer von 2017 und einem Song von Xavier Naidoo aus dem Jahr 2019, was „damit das Risiko einer (kampagnenfremden) Übernahme birgt" (Römer und Bauer 2021, S. 200). Die hohen Zahlen sind folglich mit Vorsicht zu genießen! ◄

4.2 Hashtags im politischen Aktivismus und im Marketing

Hashtags werden vornehmlich in zwei Bereichen verwendet, nämlich im politischen Aktivismus und im Marketing. Dabei erfüllen sie zwei Funktionen: Der Hashtag stellt einerseits Inhalte heraus (Marken, Personen, Wahlkampagnen, Dienstleistungen etc.) und kennzeichnet diese anderseits mit dem Symbol der Raute („#") als wichtiges Element. (Bauer und Goetz 2020)

Dabei wird ein Hashtag meistens nicht isoliert eingesetzt, sondern steht in einem Kontext von Medien und Inhalten. Das ist besonders dann wichtig, wenn der Hashtag keinen unmittelbaren Unternehmensbezug aufweist (Pietzcker 2016; Firsching 2017). Hashtags sind allgegenwertig und markieren in beiden Themenfeldern – im politischen Aktivismus wie auch im Marketing – für die digitale Community wichtige Inhalte (Bauer und Goetz 2020; Bernard 2018).

Folglich stellt die erfolgreiche Interaktion mit der Usergruppe den wichtigsten Parameter für den erfolgreichen Einsatz eines Hashtags und eine damit eventuell verbundene Kampagne dar. Und hier wird es kompliziert, denn die Reaktionen im Rahmen dieser Interaktion ist nur schwer prognostizierbar oder planbar. Außerdem ist in diesem Zusammenhang festzuhalten, dass Hashtag-Kampagnen sowohl im Bereich des politischen Aktivismus als auch im Marketing besonders immer dann unter starker Beobachtung stehen und kommentiert werden, wenn die damit verbundene Marke oder Person besonders bekannt ist. Die Folge können Shitstorms und Hashtag-Hijacking sein. Dabei kann eine Marke ernsthaften Schaden nehmen. (Bauer und Goetz 2020)

4.2.1 Shitstorms

Ein prominentes Beispiel illustriert, wie die Nutzung eines Hashtags im Rahmen einer Kommunikationskampagne anders ausfiel als von den Marketingverantwortlichen intendiert und zum Schaden für das Unternehmen wurde. Das Unternehmen McDonald's wollte unter dem Hashtag #McDStories im Sinne des Storytellings von den Hintergründen der Produktherstellung in den USA berichten, beispielsweise fröhliche Bauern zeigen oder die ökologische Tierhaltung darstellen. Die Usergemeinde beurteilte dies als aufgesetzt und postete unter demselben Hashtag negative Botschaften zum Thema. Ob und wann sich eine solche massenweise Kritikreplik zu einem Shitstorm auswächst, ist fließend, aber ein häufig zu beobachtendes Phänomen. Dass eine Marke hierdurch Schaden nehmen kann, ist offensichtlich. (Bauer und Goetz 2020)

4.2.2 „Bashtags"

Im Beispiel über den McDonald's Hashtag #McDStories erfüllt der Hashtag aus Marketingperspektive seinen eigentlichen Zweck nicht (mehr), sondern wird von einer anderen Usergruppe beschimpfend und abwertend missbraucht. In der Agentursprache hat sich hier der Begriff „Bashtag" als abwertende Umdeutung von Hashtag gebildet (eine Wortbildung aus „to bash", Englisch für beschimpfen, und „Hashtag").

Thiemann und Moutchnik (2021) zufolge ist ein Bashtag ein negativ entfremdeter Hashtag, der nicht den eigentlichen Zweck erfüllt. Da dieses Phänomen starke Ähnlichkeiten zum Hashtag-Hijacking hat, stellt der Bashtag eine Form des Hashtag-Hijackings dar.

4.2.3 Hashtag-Hijacking

Beim Hashtag-Hijacking wird ein Hashtag für die Verbreitung einer anderen Botschaft verwendet oder in Verbindung mit widersprüchlichen Inhalten genutzt (Goetz 2021, S. 74–75; Jain et al. 2015, S. 17; VanDam und Tan 2016; Xanthopoulos et al. 2016).

Das Hashtag-Hijacking kommt sowohl im Bereich des politischen Aktivismus als auch im kommerziell werbenden Umfeld vor (Goetz 2021; Bauer und Goetz 2020). Beide Bereiche scheinen hier dann mit Wucht aufeinanderzuprallen. Aus unternehmerischer Sicht sind ein Hashtag-Hijacking und die damit verbundene negative Publicity nicht wünschenswert; deshalb werden solche Aktionen auch negativ bewertet (bspw. Goetz 2021; VanDam und Tan 2016). In der Folge wird das Phänomen des Hashtag-Hijackings oftmals auch in wissenschaftlichen Beiträgen als negativ aufgefasst und mit Begriffen wie Missbrauch, Angriff sowie Imageschädigung in Verbindung gebracht (Jain et al. 2015, S. 17; VanDam und Tan 2016; Xanthopoulos et al. 2016). Demgegenüber steht, dass politischer Aktivismus im demokratischen Sinne bedeutend ist, gesellschaftliche Diskussionen vorantreiben oder auf Missstände aufmerksam machen kann (bspw. Hadgu et al. 2013).

> ▶ Als Branding-Element einer Marke 4.0 ist der Hashtag als einer von mehreren digitalen Gestaltungsparametern nicht mehr wegzudenken. Hashtags sind heute unverzichtbarer Bestandteil von Kampagnen. Doch während andere Branding-Elemente markenrechtlich schützbar sind, können Hashtags in der Regel zwar gesetzt, aber ebenso auch wieder „entführt" (im Sinne des Hashtag-Hijackings) werden oder im Rahmen von Kampagnen zu Shitstorms und Ähnlichem führen. Für Marketer heißt das: Einerseits treffsichere Formulierungen finden und gleichzeitig andererseits auf mögliche Hijackings und Shitstorms immer gut vorbereitet sein!

4.3 Hashtag-Pool und stakeholderspezifische Selektion von Hashtags

Wie findet man aber nun die „richtigen" oder wirksamen Hashtags für das eigene Unternehmen? In einem ausführlichen Paper heben Benad und Maiwald (2021) die zentrale Bedeutung von stakeholderspezifischen Hashtags für Unternehmen hervor, insbesondere wenn es um die Gestaltung einer effektiven Content-Strategie geht.

4.3.1 Kategorien von Hashtags im Content-Marketing

Sie unterscheiden hierzu verschiedene Kategorien von Hashtags, die im Rahmen des Content-Marketings eingesetzt werden können. Diese Kategorien umfassen (Benad und Maiwald 2021, S. 178):

- **Branded Hashtags:** Diese dienen der Stärkung von Produkten, Services oder Marken. Beispiele: #puma, #mercedes, aber auch #WeilWirDichLieben
- **Content Reflecting Hashtags:** Sie markieren den inhaltlichen Bezug des Contents. Beispiele: #Instaphoto, #selfie usw.
- **Call-to-Action Hashtags:** Diese sollen den Nutzer zu einer bestimmten Handlung motivieren. Beispiele: #GetOutside, #TraingHard, #FollowMe usw.
- **Trending Hashtags:** Beschreiben besonders relevante Hashtags im zeitlichen beziehungsweise aktuellen Kontext. Beispiele: #love, #instagood, #like4like usw.
- **Hashtags als Stilmittel:** Sie dienen zur spezifischen Ansprache bestimmter Zielgruppen (in der Regel ohne Funktion, sondern eher als semantische Nutzung). Beispiele: #DaWirdJaDerHundInDerPfanneVerrückt und Ähnliches
- **Geotags:** Hashtags, die auf geografische Standorte oder Orte bezogen sind. Beispiele: #Bautzen usw.

Diese Kategorien helfen Unternehmen, ihre Kommunikationsstrategie zu optimieren und gezielt Hashtags einzusetzen, um ihre Inhalte effektiv zu verbreiten und die Interaktion mit ihrer Zielgruppe zu fördern (Benad und Maiwald 2021).

4.3.2 Content Receiving Personas

Um die Zielgruppe zu fassen, nutzen Benad und Maiwald (2021) sogenannte Content Receiving Personas als Nutzermodelle. Die Autoren verstehen unter einer Content Receiving Persona eine spezifische Charakterisierung der Stakeholder, die als Empfänger von Inhalten fungieren. Die Komplexität dieser Personas muss dabei über die Charakteristika klassischer Customer Buying Personas hinausgehen. Auf diese Weise wird ein Präferenzprofil erstellt, das als Grundlage für die Auswahl und Darstellung von Inhalten für den Nutzer dient. Die Content Receiving Persona fokussiert sich darauf, positive Nutzererfahrungen zu schaffen, indem relevanter und hochwertig gestalteter Content mit einer Auswahl von stakeholderspezifischen Hashtags versehen wird. Dadurch soll die Zielerreichung auf Hashtag-Ebene sichergestellt werden. Dazu sind die Erstellung eines stakeholderbasierten Hashtag-Pools (Schritt 1) sowie bei der zielgerichteten Hashtag-Selektion (Schritt 2) entscheidend. (Benad und Maiwald 2021)

4.3.3 Aufbau eines stakeholderbasierten Hashtag-Pools

Der erste Schritt dieses detaillierten Prozesses konzentriert sich auf den Aufbau eines stakeholderbasierten Hashtag-Pools. Im Zuge dessen unterzieht sich das Unternehmen sowohl internen (Abb. 4.1) als auch externen Audits (Abb. 4.3) aus denen Hashtag-Pools resultieren (Abb. 4.2 und 4.4). Hierbei stehen unterschiedliche Themen und Analysebereiche im Fokus. Die interne Dimension des Audits konzentriert sich auf Aspekte, die direkt mit dem Unternehmen und seinen Stakeholdern verbunden sind.

Zunächst erfolgt eine eingehende Nutzeranalyse, die die Interaktionen von Nutzern und Kunden mit dem eigenen Content untersucht. Ziel ist es, Einblicke in deren Verhalten und Präferenzen zu gewinnen. Im Anschluss erfolgt die Identifizierung relevanter Interessens- und Themengebiete, die wiederum die Grundlage für die Zusammenfassung und das Clustering von potenziellen Hashtags bilden. Die Corporate-Communication-Analyse bewertet die Unternehmensbotschaften, um Schlüsselaspekte der Kommunikation zu verstehen. Hieraus werden relevante Hashtags abgeleitet, die mit der aktuellen und vergangenen Unternehmenskommunikation in Verbindung stehen. Die Customer-Touchpoint-Analyse konzentriert sich auf die Identifikation von Hashtag-Potenzialen an verschiedenen Touchpoints der Kundeninteraktion, wobei Kundenkontakte an unterschiedlichen Punkten berücksichtigt werden. Die interne Prozessanalyse widmet sich der Identifikation von Sach- und Nischenthemen für Hashtags. Hierbei werden interne Prozesse und Themengebiete im Unternehmen analysiert, um geeignete Themen für die Hashtag-Auswahl zu identifizieren. (Benad und Maiwald 2021)

Auf der externen Dimension des Audits liegt der Fokus auf der Analyse von externen Faktoren, die die Online-Sichtbarkeit und Relevanz des Unternehmens beeinflussen. Die Web-Analyse erfasst und bewertet alle relevanten Webinhalte im

4.3 Hashtag-Pool und stakeholderspezifische Selektion von Hashtags

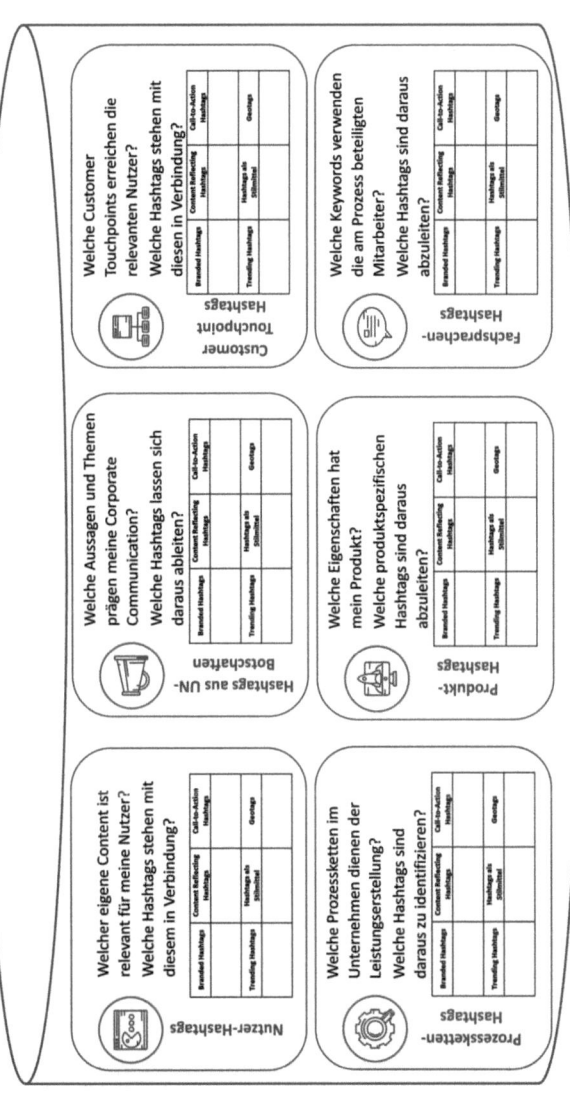

Abb. 4.1 Hashtag-Canvas – interne Dimension. (Quelle: Benad und Maiwald 2021)

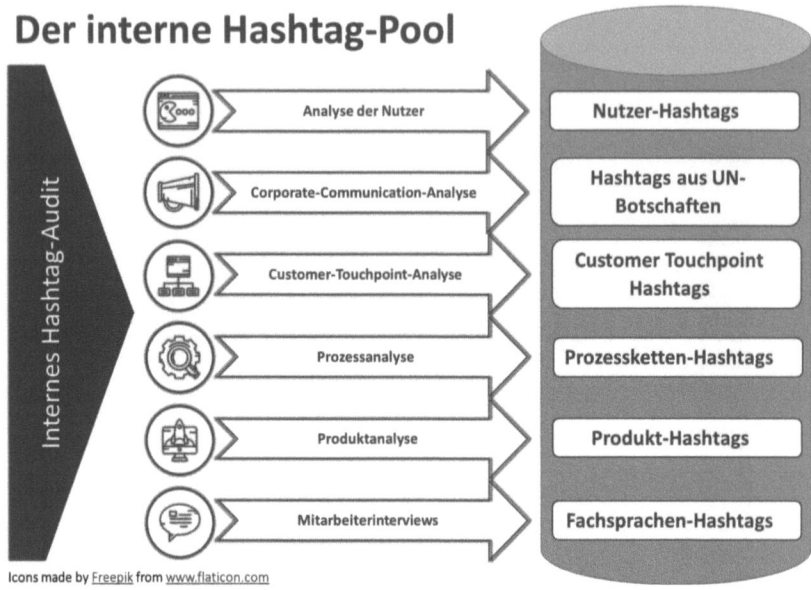

Abb. 4.2 Der interne Hashtag-Pool. (Quelle: Benad und Maiwald 2021)

Zusammenhang mit dem Unternehmen, wobei mögliche Hashtags aus diesen Inhalten abgeleitet werden. Die Public-Voice-Analyse untersucht das Social Web und die Medien, um die öffentliche Wahrnehmung des Unternehmens zu erfassen. Hier werden Hashtags identifiziert, die durch die öffentliche Meinung und Diskussion geprägt sind. (Benad und Maiwald 2021)

Die Kombination dieser internen und externen Analysen ermöglicht es dem Unternehmen, einen umfassenden und zielgerichteten Hashtag-Pool aufzubauen, der auf den Bedürfnissen und der Kommunikation der Stakeholder basiert. Dieser Ansatz erleichtert eine effektive Hashtag-Selektion, die wiederum eine optimierte Online-Präsenz und Interaktion mit der Zielgruppe ermöglicht. Der Hashtag-Pool ist „der Fundus sämtlicher möglicher Hashtags, die im stakeholderbasierten Ansatz der Content-Strategie einsetzbar sind" (Benad und Maiwald 2021, S. 188).

4.3.4 Hashtag-Selektion im Stakeholder-Kontext

Dem zweiten Schritt, der Hashtag-Selektion im Stakeholder-Kontext, liegt eine – hier nun als bereits bestehend vorausgesetzte – umfassende Content-Strategie zu Grunde. In diese wird der zuvor erarbeitete stakeholderbasierte Hashtag-Pool integriert. Es er-

4.3 Hashtag-Pool und stakeholderspezifische Selektion von Hashtags

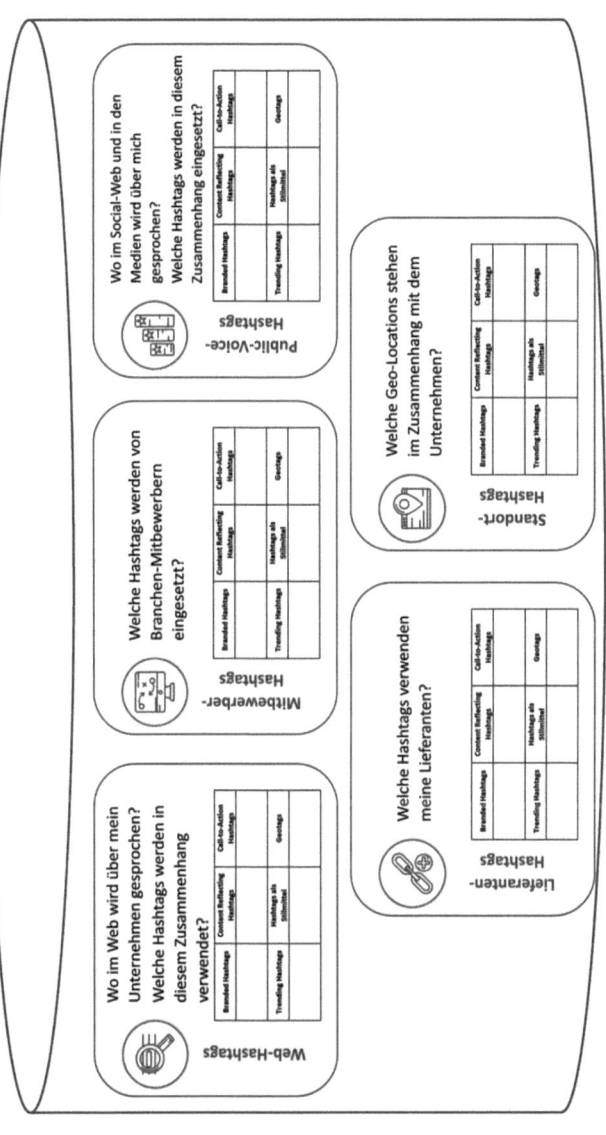

Abb. 4.3 Hashtag-Canvas – externe Dimension. (Quelle: Benad und Maiwald 2021)

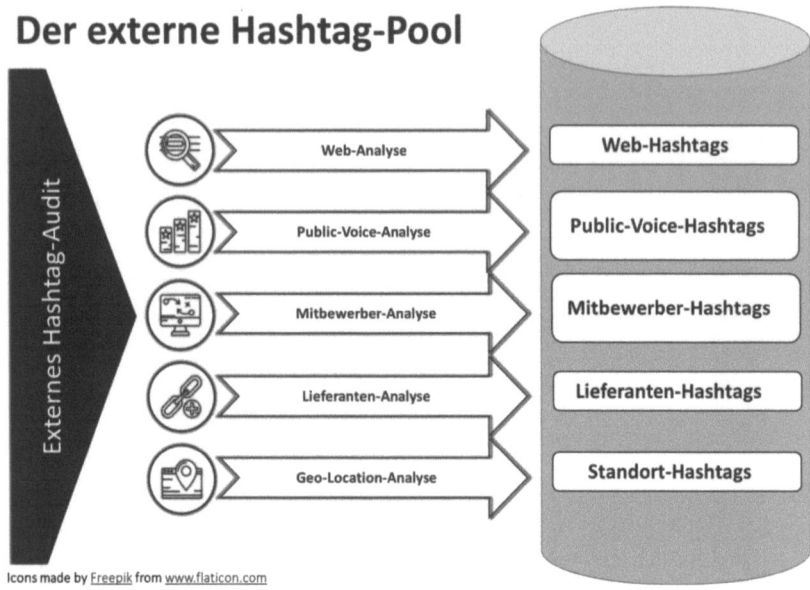

Abb. 4.4 Der externe Hashtag-Pool. (Quelle: Benad und Maiwald 2021)

folgen die präzise Definition der stakeholderspezifischen Hashtag-Selektion und die Bewertung der ausgewählten Hashtags anhand von spezifischen KPIs aus der Content-Strategie (siehe Abb. 4.5).

Das heißt: Die implementierten relevanten Hashtags werden daraufhin in die Content-Strategie integriert, und der realisierte Content wird veröffentlicht. Zur Messung des Erfolgs und der Anpassung der Strategie dient das Marketing-Controlling. Die Stakeholder-Analyse und -Selektion ermöglichen somit eine zielgerichtete und effektive Nutzung von Hashtags in der Kampagnenführung. (Benad und Maiwald 2021)

> **Beispiel: Hashtaganalyse des Instagram-Accounts des DBHW**
>
> Eine im Rahmen eines Projekts (Bauer und Günther 2022) durchgeführte Hashtaganalyse des Instagram-Accounts des Deutschen Blindenhilfswerk e. V. (DBHW) verdeutlichte, dass es bei einer aktiven Nutzung von Social Media wichtig ist, nur themenrelevante Hashtags zur Verbreitung von Neuigkeiten zu verwenden. Wird dies nicht berücksichtigt, besteht die Gefahr, dass Posts als Irrläufer bei falschen Adressaten landen und bei diesen für Unmut sorgen. Im schlimmsten Fall könnte dies sogar einen Shitstorm zur Folge haben. Grundsätzlich sollte ein Branded Hashtag, hier: #dbhw, für jeden Post verwendet werden. Weitere Hashtags können einem für das DBHW erarbeiteten Hashtag-Pool entnommen werden:

4.3 Hashtag-Pool und stakeholderspezifische Selektion von Hashtags

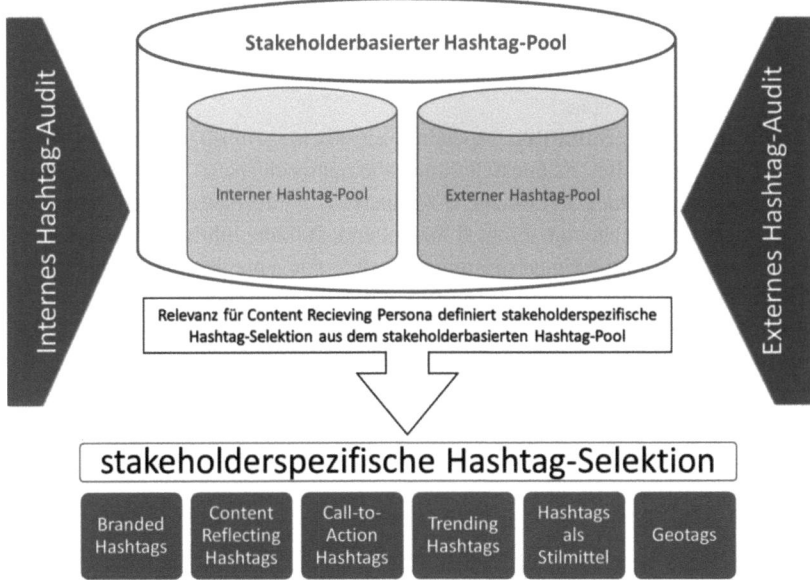

Abb. 4.5 Prinzip der stakeholderbasierten Hashtag-Selektion. (Quelle: Benad und Maiwald 2021)

- **Branded Hashtag:** #dbhw, #deutschesblindenhilfswerk, #blindenhilfswerk, #helfenmitweitblick (Verwendung als Claim), #augenklinikwalsum, #bbwsoest, #doxsschule
- **Mitbewerber-Hashtags:** #christoffblindenmission, #misterspex, #dbsv, #graffidi, #onedollarglasses, #eindollarbrille, #wiröffnenaugen (Verwendung als Claim durch cbm)
- **Content Reflecting Hashtags:** #menschenmitbehinderung, #blindheit, #sehbehindert #sehbeinträchtigt, #lebenmitbehinderung, #grauerstar, #bildungfüralle, #blindenhilfe, #integration, #inklusion, #integration, #bildung, #entwicklung, #entwicklungsarbeit, #augenlicht, #augenlichtfüralle, #fürsorge, #blindenfürsorge, #augenlichtretter, #zusammenarbeit, #spendenfuerdengutenzweck, #sozialspende, #augenarzt, #augenklinik, #operation, #katarakt, #blind, #phako, #spende, #fundraising, #hilfsprojekt, #(augen-)klinikbau, #retina, #betterplaceorg, #instadaily, #instagood, #medizinischehilfe
- **Call-to-Action Hashtags:** #tuegutesundsprichdarüber, #lichtschenken, #hilfe, #selbsthilfe, #reisenundhelfen, #bildungfüralle, #menschenhelfen, #spenden, #gutestun, #spendenportal, #ehrenamt, #lernenvonbehinderten, #anderenhelfen, #helpingtogether, #gettingactiv, #hilfmit, #schenkenmachtfreude, #weltverbessern

- **Trending Hashtags:** #inkluencer, #givingtuesday2021, #givingtuesday, #weihnachtsspende, #respekt, #welttagdessehens, #weltagdessehens2021, #sehen, #hören, #brillenträgerin, #gendern, #brille, #spende, #donate, #ngo, #spendenaktion, #paralympics
- **Hashtags als Stilmittel:** #socialimpact, #beitragzumsozialenlernen, #sehbehindertenhilfe, #sinnesschulung, #lernenmachtspaß, #behindertenhilfe, #smarteyes, #augengesundheit, #grauerstar, #grauerstaroperation, #augenoperation, #sehbehinderung, #blindenhund, #blindenführhund, #everyoneincluded, #entwicklungszusammenarbeit, #augenheilkunde, #augenarzt, #augenmedizin, #wiröffnenaugen, #wirsehenkeinegrenzen
- **Geotags:** #deutschesblindenhilfswerk, #afrika, #projektlandname, #blindenfürsorgefürafrika, #augenlichtfürafrika, #kenia, #schulefürkenia, #berlin, #kreuzberg, #soest, #stadtsoest, #tanzania, #ilembula, #indien

Auf dieser Grundlage kann eine stakeholderspezifische Selektion der jeweils relevanten Hashtags vorgenommen werden. ◄

4.4 Hashtags in der Kampagnenführung

Eine umfassende Untersuchung der Verwendung von Kampagnen-Hashtags in verschiedenen Bereichen nahmen Huppert und Moutchnik (2021) vor. In ihrer Studie von Kampagnen-Hashtags (wie #weilwirdichlieben, #UmparkenImKopf, #supergeil, #heimkommen und #zeitschenken) analysieren die beiden detailliert die Entscheidungen, Umsetzungsoptionen und Wirkungsmechanismen von Hashtags im Kontext des Marketings und der Kommunikation anhand einiger erfolgreicher Beispiele. Die Autoren betonen die zunehmende Bedeutung von Kampagnen-Hashtags für Unternehmen, da sie eine effektive Möglichkeit bieten, das Engagement der Zielgruppe zu steigern und die Markenbekanntheit zu fördern. Doch die Qualität von Hashtag-Kampagnen leidet oft darunter, dass sie nicht langfristig angelegt sind und die Einbindung von Hashtags nicht immer strategisch erfolgt. (Huppert und Moutchnik 2021)

Die Handlungsempfehlungen für die Entwicklung von Kampagnen-Hashtags umfassen mehrere wichtige Aspekte (Huppert und Moutchnik 2021):

- Die Auswahl von Themen, die eine langfristige Diskussion in der Gesellschaft anregen können und nicht nur auf kurzfristige Produktwerbung abzielen.
- Die Formulierung des Hashtags sollte einprägsam, einzigartig und leicht verständlich sein, um eine hohe Wiedererkennung zu gewährleisten.

- Die Erfolgsmessung sollte über die bloße Reichweite hinausgehen und das Nutzer-Engagement sowie die Stimmung der Zielgruppe berücksichtigen.
- Eine kontinuierliche Analyse der Nutzerreaktionen kann dazu beitragen, die Kampagne anzupassen und den Erfolg zu maximieren.

Richtig ausgewählt und strategisch eingesetzt können Kampagnen-Hashtags als effektives Instrument in Marketing und Kommunikation genutzt werden, um die Interaktion mit der Zielgruppe zu intensivieren und die öffentliche Wahrnehmung zu beeinflussen.

Literatur

Bauer, Matthias Johannes (2021): Markenpositionierung mittels Hashtags, Claims und Slogans. In: Matthias Johannes Bauer und Miriam Goetz (Hg.): Der Hashtag als interdisziplinäres Phänomen in Marketing und Kommunikation. Sprache, Kultur, Betriebswirtschaft und Recht. Wiesbaden, Heidelberg: Springer Gabler, S. 49–61.

Bauer, Matthias Johannes, und Goetz, Miriam (2020): Hashtags als Branding-Elemente der Marke 4.0, in: transfer – Zeitschrift für Kommunikation und Markenmanagement, 66 (3), 52–55

Bauer, Matthias Johannes, und Günther, Anna (2022): Aufbau eines Hashtag-Pools. Stakeholderspezifische Hashtags für das Deutsche Blindenhilfswerk e.V., in: Stiftung & Sponsoring 5/2022, S. 22–24

Benad, Sebastian, und Maiwald, Falk (2021): Hashtag-Pool und Hashtag-Selektion im Stakeholder-Kontext. Ein Modell zur Identifikation und zum Einsatz content-receiving-persona-spezifischer Hashtags, in: Bauer, Matthias Johannes, und Goetz, Miriam (Hg.): Der Hashtag als interdisziplinäres Phänomen in Marketing und Kommunikation. Sprache, Kultur, Betriebswirtschaft und Recht, Wiesbaden: Springer Gabler, S. 175–192

Bernard, Andreas (2018): Das Diktat des Hashtags. Über ein Prinzip der aktuellen Debattenbildung. [1. Auflage] Originalausgabe. Frankfurt am Main: Fischer Taschenbuch (Fischer Taschenbuch, 70381).

Firsching, J. (2017): Mehr als Cat Content und Selfies: Erfolgreiches Instagram Marketing für Unternehmen. In: Scholz, H. (Hg): Social goes Mobile – Kunden gezielt erreichen. Mobile Marketing in Sozialen Netzwerken, 2. Aufl., Wiesbaden: Springer Gabler

Goetz, Miriam (2021): Hashtag-Hijacking – Machtspiele um die Raute, in: Bauer, Matthias Johannes, und Goetz, Miriam (Hg.): Der Hashtag als interdisziplinäres Phänomen in Marketing und Kommunikation. Sprache, Kultur, Betriebswirtschaft und Recht, Wiesbaden: Springer Gabler, S. 73–91

Hadgu, Asmelash Teka/Garimella, Kiran/Weber, Ingmar (2013): Political Hashtag Hijacking in the U.S. Präsentiert auf: the 22nd International Conference, 2013, Proceedings of the 22nd International Conference on World Wide Web – WWW '13 Companion, Rio de Janeiro, Brazil: ACM Press, 55–56.

Huppert, C. und Moutchnik, A. (2021): Kampagnen-Hashtags: Entscheidungen, Umsetzungoptionen und Wirkungsmechanismen, in: Bauer, Matthias Johannes, und Goetz, Miriam (Hg.): Der Hashtag als interdisziplinäres Phänomen in Marketing und Kommunikation. Sprache, Kultur, Betriebswirtschaft und Recht, Wiesbaden: Springer Gabler, S. 151–173

Jain, Nikita/Agarwal, Pooja/Pruthi, Juhi (2015): HashJacker- Detection and Analysis of Hashtag Hijacking on Twitter. In: International Journal of Computer Applications, 114 (19), 17–20.

Pietzcker, D. (2016): Kampagnen führen – Potenziale professioneller Kommunikation im digitalen Zeitalter, Wiesbaden: Springer Gabler

Römer, Dennis Michael und Bauer, Matthias Johannes (2021): #NurMirDir oder #Gemeinsam1902. Ein analytischer Vergleich zweier Saisonmottohashtags des MSV Duisburg auf Instagram und Twitter, in: Bauer, Matthias Johannes/Goetz, Miriam (Hrsg.): Der Hashtag als interdisziplinäres Phänomen in Marketing und Kommunikation. Wiesbaden: Springer Fachmedien Wiesbaden, S. 193–215

Schudy, Fabian (2019): Form und Funktion von Hashtags in sozialen Netzwerken. Linguistische Analysen. 1st ed. Marburg: Büchner Verlag (Schlaglichter, v.3).

Thiemann, Tim/Moutchnik, Alexander (2021): Der Hashtag in der Social-Media-Kommunikation: Perspektiven, Strategien und Anwendungen. In: Bauer, Matthias Johannes/Goetz, Miriam (Hrsg.): Der Hashtag als interdisziplinäres Phänomen in Marketing und Kommunikation. Wiesbaden: Springer Fachmedien Wiesbaden, 113–149.

VanDam, Courtland/Tan, Pang-Ning (2016): Detecting Hashtag Hijacking from Twitter. Präsentiert auf: WebSci '16: ACM Web Science Conference, 22. Mai 2016, Proceedings of the 8th ACM Conference on Web Science, Hannover Germany: ACM, 370–371.

Xanthopoulos, Petros & Panagopoulos, Orestis Panos & Bakamitsos, Georgios A. & Freudmann, Elizabeth, 2016. „Hashtag hijacking: What it is, why it happens and how to avoid it," Journal of Digital & Social Media Marketing, Henry Stewart Publications, vol. 3(4), pages 353–362, February.

Markenrechtlicher Schutz von Claims, Slogans und Hashtags

5

Zusammenfassung

Wird ein Claim erfolgreich am Markt platziert, ist es von großer Bedeutung, dass nur der Entwerfer diesen benutzen darf und der Entwerfer möglichst umfassend die Kontrolle über die Verwendung des Claims erlangt. Wettbewerber sollen den Claim nicht übernehmen und sich nicht an einen solchen Claim anlehnen, um die Aufmerksamkeit, die ein Unternehmen mit der Etablierung eines Claims erzielt, auszunutzen beziehungsweise davon zu profitieren. Für den Schutz eines Claims bietet sich insbesondere das Markenrecht an. Im Folgenden soll der Begriff Claim nicht nur Claims im engeren Sinne, sondern in gleicher Weise Slogans umfassen. Eine Unterscheidung dieser Begrifflichkeiten findet sich in der rechtlichen Diskussion nicht. Die Ausführungen gelten somit für Claims und Slogans in gleicher Weise. Hashtags ermöglichen die Zuordnung von Beiträgen und Kommentaren zu einem Thema beziehungsweise zu einer konkreten Diskussion. Hashtags haben daher eine Zuordnungsfunktion („Lotsenfunktion") und dienen der Auffindbarkeit von Inhalten. Der Hashtag dient aber anders als zum Beispiel eine Marke oder ein Slogan nicht nur der Zuordnung von Inhalten zu einem Unternehmen, sondern auch der Kommunikation von Kunden mit dem Unternehmen beziehungsweise von Kunden untereinander über Produkte oder Dienstleistungen des Unternehmens.

© Der/die Herausgeber bzw. der/die Autor(en), exklusiv lizenziert an Springer Fachmedien Wiesbaden GmbH, ein Teil von Springer Nature 2024
M. J. Bauer, D. Jestaedt, *Claims, Slogans und Hashtags als Instrumente der strategischen Markenführung*, https://doi.org/10.1007/978-3-658-44879-0_5

5.1 Allgemeines

Das vorrangige Mittel für den Schutz eines Claims oder Hashtags ist das Markenrecht. Die Marke schützt eine Herkunftsbezeichnung. Sie gewährt daher einen Schutz für Kennzeichnungen, die von den angesprochenen Verkehrskreisen mit einem bestimmten Unternehmen verknüpft werden. Das veranschaulicht, dass der markenrechtliche Schutz grundsätzlich auch für Claims und Hashtags ein sinnvolles Schutzinstrument darstellt. Denn auch bei Claims und Hashtags geht es entscheidend darum, dass diese eine Herkunftsvorstellung auslösen sollen, die Kunden den Claim oder Hastag also einem bestimmten Unternehmen oder einem bestimmten Produkt zuordnen.

5.1.1 Schutz für bestimmte Waren und Dienstleistungen

Markenrechtlicher Schutz für einen Claim oder Hashtag wird gewährt für die Waren oder Dienstleistungen, für welche der Claim oder Hashtag als Marke angemeldet wird (und für welche die Schutzvoraussetzungen vorliegen, s. Abschn. 5.2). Die Anmeldung einer Marke enthält daher immer die Angabe, für welche Waren oder Dienstleistungen die Marke geschützt werden soll. Für diese Waren oder Dienstleistungen muss die geschützte Marke dann auch benutzt werden (Benutzungserfordernis, s. Abschn. 6.1). Der markenrechtliche Schutz eines Claims besteht somit nicht unbeschränkt, sondern immer bezogen auf die konkret angemeldeten Waren oder Dienstleistungen. Selbstverständlich ist es dem Inhaber einer Marke nicht verboten, seine Marke auch für andere Waren oder Dienstleistungen zu benutzen (sofern keine Marken Dritter existieren, die dem entgegenstehen), er genießt hierfür freilich keinen Schutz durch seine angemeldete Marke und kann die Benutzung eines Claims oder Hashtags für solche anderen Waren oder Dienstleistungen durch Dritte nicht verhindern (siehe Abschn. 6.3).

Besondere Bedeutung hat diese Einschränkung bei Hashtags. Denn über einen Hashtag werden auch Inhalte angezeigt, die mit dem identischen Hashtag im Kontext völlig anderer Waren oder Dienstleistungen gekennzeichnet sind (Beispiel Focus als Pkw von Ford und das Nachrichtenmagazin Focus). Dieser Zuordnungskonflikt kann durch eine eingetragene Marke nicht beseitigt werden (siehe aber zum Schutz bekannter Marken Abschn. 6.4).

5.1.2 Markenrechtlicher Schutz in Deutschland

Für einen markenrechtlichen Schutz bietet sich zum einen die Anmeldung einer Marke in Deutschland beim Deutschen Patent- und Markenamt (DPMA) an (Details s. www.dpma.de). Eine beim DPMA angemeldete deutsche Marke wird über das deutsche Markengesetz geschützt und genießt räumlichen Schutz in Deutschland.

5.1.3 Markenrechtlicher Schutz in Europa

Zum anderen kommt die Anmeldung einer Unionsmarke in Betracht. Eine Unionsmarke kann beim Amt der Europäischen Union für geistiges Eigentum (EUIPO) in Alicante angemeldet werden (Details s. www.euipo.europa.eu). Eine Unionsmarke gewährt Schutz in allen Ländern der Europäischen Union und genießt daher einen deutlich größeren räumlichen Schutzbereich. Die Anmeldung einer Unionsmarke bietet sich daher an, wenn die Nutzung des Claims oder Hashtags auch außerhalb Deutschlands beabsichtigt wird.

Die Anforderungen an den Schutz eines Claims oder Hashtags als Marke ist im deutschen Markengesetz und in der Unionsmarkenverordnung (Verordnung 2017/1001 vom 14. Juni 2017, UMV) übereinstimmend geregelt. Das deutsche Markengesetz ist im Übrigen auf europäischer Ebene durch die Richtlinie 2008/95 (Markenrichtlinie) vereinheitlicht worden. Auf dieser Grundlage hat auch der EuGH zu einer Vereinheitlichung der Rechtsprechung in den verschiedenen europäischen Ländern, aber auch im Verhältnis zwischen nationalen Marken und Unionsmarken geführt. Die Anforderungen an Markenschutz können daher grundsätzlich einheitlich behandelt werden.

5.1.4 Besonderheit Schweiz

Ein deutscher Claim und Hashtag wird bevorzugt in den deutschsprachigen Ländern (also insbesondere Deutschland, Österreich und der Schweiz) geschützt. Das ist weder über eine nationale deutsche Marke noch über eine Unionsmarke möglich, weil die Schweiz nicht Mitglied der Europäischen Union ist. Um somit einen Schutz in den deutschsprachigen Ländern zu erreichen, müssen entweder jeweils nationale Marken in Deutschland, Österreich und der Schweiz angemeldet werden oder eine Unionsmarke (welche jedenfalls Schutz in Deutschland und Österreich gewährt) sowie zusätzlich eine nationale Marke in der Schweiz angemeldet werden. Die Schutzvoraussetzungen werden für die jeweilige Markenanmeldung eigenständig geprüft, sodass ein Schutz eines Claims oder Hashtags in der Schweiz verweigert werden kann, während er zum Beispiel in Deutschland beziehungsweise auf europäischer Ebene gewährt wird. Das gilt auch für das Verhältnis zwischen einer deutschen Markenanmeldung und einer europäischen Anmeldung, auch wenn die gesetzlichen Anforderungen grundsätzlich übereinstimmend sind.

5.1.5 Parallele Markenanmeldungen

Die Praxis der Eintragung von Claims ist beim EUIPO (für Unionsmarken) tendenziell etwas großzügiger als die Praxis beim DPMA sowie beim Bundespatentgericht (siehe dazu Blind, GRUR-Prax 2014, 325 sowie Löffel, GRUR-Prax 2011, 115, 118). In jedem Fall kann es sinnvoll sein, parallele Anmeldungen in Deutschland und Europa vorzunehmen. Denn in diesem Fall kann ein markenrechtlicher Schutz erreicht werden, wenn eines der Ämter die Schutzfähigkeit bejaht, selbst wenn dann der territoriale Schutzbereich unterschiedlich ist (bei der deutschen Marke Schutz nur in Deutschland, bei der Unionsmarke Schutz in der gesamten EU).

5.1.6 Markenschutz durch „Benutzungsmarke"

Neben dem formalen Schutz einer Marke durch Anmeldung bei der zuständigen Behörde (DPMA oder EUIPO) kommt ein Schutz als Marke gemäß § 4 Nr. 2 deutsches Markengesetz (MarkenG) durch Aufnahme der Benutzung eines Kennzeichens in Betracht, sofern das Zeichen innerhalb der beteiligten Verkehrskreise Verkehrsgeltung erlangt hat. Diese Möglichkeit besteht auf europäischer Ebene (Unionsmarke) nicht. Allerdings ist die Entstehung eines Markenschutzes durch Erwerb der Verkehrsgeltung einer Marke äußerst selten. Ein solcher Schutz kommt nur in Ausnahmefällen in Betracht. Erforderlich ist dafür die Verkehrsgeltung der Kennzeichnung für die jeweils relevanten Waren oder Dienstleistungen. Eine solche Verkehrsgeltung setzt voraus, dass ein erheblicher Teil der angesprochenen Verkehrskreise ein Kennzeichen für bestimmte Waren und Dienstleistungen einem bestimmten Unternehmen zuordnet. Im Regelfall wird ein Anteil von zumindest 20 % der angesprochenen Verkehrskreise erforderlich sein, der das jeweilige Zeichen einem bestimmten Unternehmen zuordnet. Das muss in der Regel durch eine Verkehrsbefragung der angesprochenen Verkehrskreise nachgewiesen werden. In der Praxis hat die Entstehung eines markenrechtlichen Schutzes aufgrund Verkehrsgeltung (ohne Eintragung) nur geringe Relevanz. Insbesondere bei Claims, bei denen sich die Frage stellt, ob die Bezeichnung möglicherweise rein beschreibend und damit schutzunfähig ist, hat die Entstehung eines markenrechtlichen Schutzes durch Benutzungsaufnahme in der Praxis eine untergeordnete Bedeutung. Denkbar ist ein markenrechtlicher Schutz als „Benutzungsmarke" aber für bekannte Claims wie „Quadratisch. Praktisch. Gut." der Firma Ritter Sport oder „die zarteste Versuchung, seit es Schokolade gibt" für Schokoladenprodukte der Marke Milka.

5.2 Voraussetzungen für markenrechtlichen Schutz

Kennzeichen, also auch Claims oder Hashtags, können als Marke eingetragen werden, wenn keine absoluten Schutzhindernisse (§ 8 MarkenG, Art. 7 UMV) entgegenstehen. Im Folgenden sollen zunächst ausführlich Anforderungen an den Schutz von Claims als Marke erläutert werden. In Abschn. 5.5 werden die Besonderheiten bei Hashtags behandelt.

Im Kontext von Claims stellt sich insbesondere die Frage, ob Claims „jegliche Unterscheidungskraft" fehlt (§ 8 Abs. 2 Nr. 1 MarkenG, Art. 7 Abs. 1 b UMV) beziehungsweise ob solche Claims ausschließlich aus Zeichen oder Angaben bestehen, die im Verkehr zur Bezeichnung der Art, der Beschaffenheit, der Menge, der Bestimmung beziehungsweise sonstiger Merkmale der Waren oder Dienstleistungen dienen können (§ 8 Abs. 2 Nr. 2 MarkenG beziehungsweise Art. 7 Abs. 1 c UMV). Für Claims gelten grundsätzlich keine anderen Schutzvoraussetzungen als für andere Wortmarken. Sowohl der EuGH (GRUR Int 2012, 914, Rn. 25 – WIR MACHEN DAS BESONDERE EINFACH sowie GRUR 2010, 228, Rn. 35 – Vorsprung durch Technik) wie auch der BGH (GRUR 2015, 173, Rn. 17 – for you) haben immer wieder betont, dass die Anforderungen an die Schutzfähigkeit einer Marke unabhängig von der Art des Kennzeichens sind. Für Claims bestehen somit keine strengeren Voraussetzungen an die Schutzfähigkeit als für andere Arten von Kennzeichen. Freilich ist bei Claims zu berücksichtigen, dass diese eine „stärkere Tendenz" haben, eine inhaltliche Bedeutung aufzuweisen. Denn ein Claim zeichnet sich dadurch aus, dass es sich um eine Wortfolge handelt, welche in der Regel eine inhaltliche Bedeutung hat. Dass eine inhaltliche Bedeutung vorhanden ist, schließt einen markenrechtlichen Schutz nicht aus. Claims bedürfen grundsätzlich keiner zusätzlichen Originalität, sie müssen grundsätzlich weder besonders fantasievoll sein noch einen besonderen Überraschungseffekt oder eine herausgehobene Originalität aufweisen (EuGH, GRUR 2004, 1027, Rn. 31 – Das Prinzip der Bequemlichkeit). In der Praxis werden für die Beurteilung der Schutzfähigkeit von Claims als Marke regelmäßig Indizien herangezogen, die im Folgenden erläutert werden.

5.2.1 Schutzhindernis der fehlenden Unterscheidungskraft

Der markenrechtliche Schutz eines Claims kommt dann nicht in Betracht, wenn dem Claim „jegliche Unterscheidungskraft" fehlt, § 8 Abs. 2 Nr. 1 MarkenG, Art. 7 Abs. 1 b UMV. Die Unterscheidungskraft fehlt, wenn eine Bezeichnung von den angesprochenen Verkehrskreisen als rein beschreibender Hinweis verstanden wird, ohne dass er geeignet ist, bei den angesprochenen Verkehrskreisen eine Herkunftsvorstellung auszulösen. Wann ein Claim rein beschreibend ist und wann noch eine gewisse Herkunftsfunktion vorhanden sein kann, ist im Einzelfall sehr schwierig zu bestimmen. Auch wenn grundsätzlich für die Eintragung als Marke keine „besondere Originalität" oder eine „Mehrdeutigkeit" erforderlich ist, werden diese Aspekte bei der Beurteilung als Indizien herangezogen.

5.2.1.1 Gewisse Originalität und Prägnanz
Für eine Schutzfähigkeit eines Claims spricht es, wenn der Claim eine gewisse Originalität oder Prägnanz aufweist. Ist das der Fall, schadet es auch nicht, wenn der Claim eine Sachaussage enthält. So hat zum Beispiel der EuGH, GRUR 2010, 228, Rn. 56 den Claim „Vorsprung durch Technik" als schutzfähig angesehen. Die Zusammensetzung weist eine gewisse Prägnanz und Originalität auf, weil dieser Claim keine klare und eindeutige Sachaussage aufweist und jedenfalls in gewissem Maße eine ungewöhnliche Verknüpfung (Vorsprung und Technik) enthält, auch wenn ein inhaltlicher Bezug durchaus erkennbar ist. Der EuGH (GRUR 2004, 1027) hat auch den Claim „Das Prinzip der Bequemlichkeit" für Möbel als eintragungsfähig angesehen. Auch insofern lässt sich eine gewisse Originalität annehmen, weil ein „Prinzip der Bequemlichkeit" als solches nicht existiert. Das Bundespatentgericht (GRUR-RR 2013, 150) hat den Claim „Hallo Erde" als schutzfähig angesehen, weil eine Konversationsmöglichkeit mit dem Adressat „Erde" nicht in Betracht kommt.

5.2.1.2 Interpretationsaufwand
Weiteres Indiz für die Schutzfähigkeit eines Claims als Marke ist ein Mindestmaß an Interpretationsaufwand beziehungsweise ein Auslösen von Denkprozessen durch die Formulierung des Claims. Dies hat der EuGH zum Beispiel hinsichtlich des Claims „Vorsprung durch Technik" (EuGH, GRUR 2010, 228, Rn. 57) angenommen. Gleiches gilt für den Claim „Bar jeder Vernunft" für ein Café (BGH, GRUR 2002, 1070) oder den Claim „smartbook for smart people" (BGH, GRUR 2014, 565) für Computer. Das Bundespatentgericht (BeckRS 2011, 785) hat daneben den Claim „Viva la money" als schutzfähig für Finanzdienstleistungen

angesehen, weil der Zusatz „Viva" in diesem Kontext ungewöhnlich ist. Der Claim „Es ist Deine Zeit" (BPatG, BeckRS 2014, 08378) ist für verschiedene Waren und Dienstleistungen als schutzfähig anerkannt worden, weil es an einer konkreten inhaltlichen Bedeutung fehle und ein gewisser Interpretationsaufwand entstehe, der bei den Verkehrskreisen Denkprozesse auslöse.

Demgegenüber ist zum Beispiel der Claim „Wir machen das Besondere einfach" (EuGH, GRUR Int 2012, 914) als rein beschreibend angesehen worden. Auch der Claim „Besser gut bei Stimme" für pharmazeutische Erzeugnisse (BPatG, BeckRS 2016, 12537) ist als nicht schutzfähig angesehen worden, weil er für Erkältungskrankheiten die nahe liegende Botschaft enthält, dass die Verbesserung „der Stimme" erzielt werden kann. Gleiches gilt zum Beispiel für Claims wie „Du bist nicht von der Stange" für Bekleidung (BPatG, BeckRS 2012, 20399) oder „Von jeder Bewegung profitieren" (BPatG, BeckRS 2012, 19745) für Therapiegeräte. Auch „Deutschlands schönste Seiten" für Verlagserzeugnisse ist als allgemein verständliche Aussage angesehen worden (BPatG, GRUR 2012, 532).

5.2.1.3 Länge der Wortfolge

Zwar spricht die Länge einer Wortfolge nicht generell gegen eine Schutzfähigkeit. Die Länge kann aber ein Indiz dafür darstellen, dass ein Claim eher als rein beschreibender Hinweis, nicht aber als Herkunftshinweis verstanden wird (BGH, GRUR 2015, 173, Rn. 17 – for you). Generell kommt daher bei kürzeren Wortfolgen eine Schutzfähigkeit eher in Betracht. Zu berücksichtigen ist freilich, dass die bereits erläuterten Indizien (Originalität, Prägnanz, Interpretationsaufwand und Auslösen von Denkprozessen) tendenziell eine größere Bedeutung bei der Beurteilung haben als die Länge der Wortfolge.

5.2.1.4 Gebräuchliche Wortfolgen

Gegen eine Schutzfähigkeit spricht es, wenn ein Claim allein aus gebräuchlichen Wortfolgen besteht, welche die angesprochenen Verkehrskreise auch von anderen Wettbewerbern kennen beziehungsweise welche allgemein gebräuchliche Werbesprüche oder Anpreisungen darstellen. Solche allgemein gebräuchlichen Anpreisungen sind nicht geeignet, als Herkunftshinweis zu dienen. So ist der Claim „Deutschlands schönste Seiten" für Verlagserzeugnisse als nicht schutzfähig angesehen worden (BPatG, BeckRS 2012, 532). Auch ein Claim „Ich denk an mich" ist als „konventionelle Werbemitteilung" angesehen worden (BPatG, BeckRS 2014, 11336). Gleiches gilt für Begriffe, die einen Zuruf, Ausruf oder eine Grußformel darstellen können, wie zum Beispiel „Hey" (BGH, GRUR 2010, 640, Rn. 13) oder auch „Test it" (BGH, GRUR 2001, 735) für Raucherartikel.

5.2.1.5 Bewertung

Auch wenn die Beurteilung der Unterscheidungskraft von Claims nach der Rechtsprechung keinen strengeren Schutzvoraussetzungen als bei sonstigen Wortmarken unterliegt, ergibt sich bei Claims die Besonderheit, dass sie eine inhaltliche Bedeutung transportieren sollen. Deshalb ist es für die Beurteilung der Schutzfähigkeit von besonderer Bedeutung, sich an den bereits erläuterten Indizien zu orientieren. Das betrifft insbesondere die Aspekte der gewissen Originalität, der gewissen Prägnanz oder eines Mindestmaßes an Interpretationsaufwand, wodurch bei den angesprochenen Verkehrskreisen ein Denkprozess ausgelöst wird. Diese Indizien sprechen für die Schutzfähigkeit eines Claims. Demgegenüber ist bei gebräuchlichen Wortfolgen, welche als allgemeine Werbeanpreisungen verstanden werden, eine Herkunftsfunktion eher unwahrscheinlich. Gleiches gilt für längere Wortfolgen, denen jedenfalls die gewisse Prägnanz (Kürze) fehlt.

5.2.2 Schutzhindernis „Freihaltebedürfnis"

Neben dem Schutzhindernis der fehlenden Kennzeichnungskraft ergibt sich aus einem „Freihaltebedürfnis" die fehlende Schutzfähigkeit als Marke (§ 8 Abs. 2 Nr. 2 MarkenG sowie Art. 7 Abs. 1 c) UMV). Ein solches „Freihaltebedürfnis" besteht für Bezeichnungen, die Eigenschaften einer Ware oder Dienstleistung beschreiben. Hintergrund dieses Schutzhindernisses ist es, dass solche Begrifflichkeiten, die der Beschreibung einer Eigenschaft der Ware oder Dienstleistung dienen, für Wettbewerber freigehalten und nicht monopolisiert werden sollen. Auch wenn dieses „Freihaltebedürfnis" in vielen Fällen sachlich übereinstimmt mit dem bereits erläuterten Schutzhindernis der fehlenden Unterscheidungskraft (eine rein beschreibende Bezeichnung dient regelmäßig der Beschreibung der Eigenschaft einer Ware oder Dienstleistung), können sich im Einzelfall Unterschiede ergeben.

Beispielhaft kann auf einen Claim „Technik, die mit Sicherheit schützt" verwiesen werden. Ein solcher Claim verweist auf die „sicheren Eigenschaften" der jeweiligen Waren. Auf solche Eigenschaften müssen auch Wettbewerber hinweisen dürfen. Vergleichbares dürfte bei dem Claim „Du bist nicht von der Stange" für Bekleidung gelten, da mit diesem Claim darauf hingewiesen wird, dass das Kleidungsstück keine Massenware, sondern eine individuelle Anfertigung darstellt. Auch der Claim „Bücher für eine bessere Welt" für Bücher ist wegen eines Freihaltebedürfnisses abgelehnt worden (BGH, GRUR 2000, 882), ebenso wie ein markenrechtlicher Schutz für den Claim „Gegen das Vergessen" für Denkmäler beziehungsweise den Betrieb von Gedenkstätten (BPatG, Markenrecht 1999, 245).

5.3 Claims mit Marken- oder Firmenbestandteilen

Die bereits erläuterten Schwierigkeiten und Unsicherheiten bei einer Eintragung eines Claims können dadurch umgangen werden, dass in dem Claim eine (schutzfähige) Marke oder Geschäftsbezeichnung (Unternehmensname) integriert wird. So ist zum Beispiel der Claim „Haribo macht Kinder froh und Erwachsene ebenso" markenrechtlich schutzfähig, weil der Bestandteil „Haribo" enthalten ist, der als Marke schutzfähig ist. Gleiches gilt für Claims wie „Der Tag geht, Jonny Walker kommt" oder „Das einzig Wahre, Warsteiner". Durch eine solche Integration von Marken beziehungsweise Unternehmensnamen lässt sich die Schutzfähigkeit eines Claims als Marke herbeiführen. Nachteilig ist in diesem Fall, dass auch der Schutz gegen Nachahmungen beschränkt ist. Denn in diesen Fällen genügt regelmäßig schon das Weglassen oder Austauschen der jeweiligen Marke beziehungsweise des Unternehmensnamens, um eine Verletzung der für den Claim eingetragenen Marke auszuschließen. Das OLG Hamburg, GRUR-RR 2004, 15, hat deshalb eine Verletzung des markenrechtlich geschützten Claims „merci, dass es Dich gibt" durch Verwendung des Claims „schön, dass es Dich gibt" abgelehnt, weil die bekannte Marke „Merci" nicht Bestandteil des angegriffenen Claims war.

5.4 Claims mit grafischen Elementen

Ist ein Claim als solcher wegen fehlender Unterscheidungskraft nicht schutzfähig, besteht die Möglichkeit, eine Schutzfähigkeit dadurch herbeizuführen, dass der Claim mit einer prägnanten grafischen Ausgestaltung oder einem prägnanten grafischen Zusatz angemeldet wird. Denn auch aus einer prägnanten grafischen Ausgestaltung kann sich die Eignung als Herkunftshinweis ergeben. Wird ein (ansonsten nicht schutzfähiger) Claim in einer prägnanten grafischen Ausgestaltung als Marke eingetragen, ergibt sich daraus aber selbstverständlich kein Schutz des Claims als solchem (ohne die grafische Ausgestaltung). Vielmehr beschränkt sich der Schutz gegenüber Dritten in diesem Fall auf die Verwendung des Claims für die angemeldeten Waren oder Dienstleistungen in der konkreten (beziehungsweise ähnlichen) grafischen Ausgestaltung. Ein solcher Schutz ist somit sehr beschränkt und kann die Benutzung des Claims (ohne entsprechende grafische Ausgestaltung) durch Dritte im Regelfall nicht verhindern.

5.5 Besonderheiten bei Hashtags

Die Möglichkeiten eines Schutzes von Hashtags als Marken ergeben sich aus den allgemeinen Anforderungen des Markenrechts. Für Hashtags gelten keine Besonderheiten. Der Hashtag darf damit nicht „rein beschreibend" sein §(8 Abs. 2 Nr. 1 MarkenG bzw. Art. 7 Abs. 1 b UMV, s. hierzu bei Claims Abschn. 5.2.1), und es darf kein Freihaltebedürfnis bestehen (siehe dazu bei Claims Abschn. 5.2.2). Wenn somit der Hashtag nur eine inhaltliche Bedeutung hat und nicht als Herkunftshinweis verstanden wird, ist ein Schutz nicht möglich. Das Bundespatentgericht hat deshalb den Hashtag „#wirsindmehr" als rein beschreibend angesehen und nicht als Wortmarke eingetragen. Bemerkenswert ist, dass zum Beispiel die folgenden Hashtags eingetragen worden sind:

- #loveit, Unionsmarke 1178871
- #tag, Unionsmarke 1214710
- #myanalogcloud, Unionsmarke 1221823
- #together, Unionsmarke 1253130
- #naturalstogether, Unionsmarke 1329795
- #lovetravels, Unionsmarke 016782575

Gerade allgemeine Begriffe wie „together" erfüllen die Schutzvoraussetzungen nicht. Diese Eintragung kann insofern keinen Bestand haben. Gegen Marken kann auch nach deren Eintragung ein Löschungsantrag gestellt werden, um den Schutz nachträglich zu beseitigen §(54 MarkenG).

Das Hinzufügen des „#"-Zeichens als solches kann eine Schutzfähigkeit einer Marke nicht begründen. Das haben die zuständigen Gerichte für das „@"-Zeichen bereits umfassend geklärt und entschieden. Gleiches gilt für das „#"-Zeichen. Vor diesem Hintergrund ist die Marke „#" nicht eingetragen worden (BPatG GRUR-RS 2020, 46445).

Ein häufiges Missverständnis bei der Anmeldung von Marken besteht darin, dass eine Marke für die Waren und Dienstleistungen angemeldet wird, *auf denen* sie angebracht wird. So ist zum Beispiel die Marke „#loveit" angemeldet für „Werbung". Damit genießt sie selbstverständlich nicht Schutz gegenüber einer Verwendung von „#loveit" im Rahmen der Werbung eines anderen Unternehmens. Vielmehr bezieht sich dieser Schutz für „Werbung" in Klasse 35 ausschließlich darauf, dass „#loveit" als *Kennzeichnung* für *Dienstleistungen* im Werbebereich (etwa einer Werbeagentur) verwendet wird. Der Schutz eines Hashtags für eine Dienstleistung

5.5 Besonderheiten bei Hashtags

„Kommunikation" würde somit nur einen Schutz beinhalten in dem Bereich, in dem der Hashtag *als Kennzeichnung* für das Angebot von Kommunikationsdienstleistungen (etwa einer Kommunikationsagentur) verwendet würde. Die Benutzung des Hashtags *im Rahmen der Kommunikation* durch ein Unternehmen oder einen sonstigen Dritten würde nicht dem Schutz unterfallen.

Der Schutz von Claims und Hashtags vor Nutzung durch Dritte

6

Zusammenfassung

Ist für einen Claim bzw einen Hashtag eine Marke eingetragen worden, schützt diese Marke den Inhaber gegen eine Nutzung durch Dritte. Allerdings gibt es hierfür Grenzen. Eine Marke schützt nur gegen die Nutzung für gleiche oder ähnliche Waren, nur der Schutz einer bekannten Marke geht darüber hinaus und umfasst auch die Ausnutzung des guten Rufs der Marke, ohne dass eine Ähnlichkeit der Waren erforderlich ist. Vor allem kann eine Marke nicht eine Nutzung durch Privatpersonen verhindern.

6.1 Rechtserhaltende Benutzung

Der Schutz eines Claims oder Hashtags als Marke bedeutet nicht, dass ab Eintragung der Marke keine weiteren Maßnahmen mehr ergriffen werden müssen. Eine Marke erlangt ihren Schutz dadurch, dass sie als Herkunftshinweis für die angemeldeten Waren benutzt wird. Für Marken besteht ein Benutzungszwang (§§ 25, 26 MarkenG und Art. 15 UMV). Wird eine geschützte Marke innerhalb eines Zeitraums von fünf Jahren nicht benutzt, entfällt der Schutz und jeder Wettbewerber kann Löschung der Marke wegen Verfalls beantragen. Es ist daher von entscheidender Bedeutung, dass nach Eintragung eines Claims oder Hashtags als Marke der Claim beziehungsweise der Hashtag als Herkunftshinweis für die angemeldeten Waren und Dienstleistungen benutzt wird.

Neben dem gesetzlichen Erfordernis der Benutzung ist zusätzlich zu berücksichtigen, dass der markenrechtliche Schutz für einen Claim beziehungsweise Hashtag dadurch erweitert und ausgedehnt werden kann, dass der Claim beziehungsweise Hashtag am Markt „bekannt gemacht" wird. Der Schutz einer Marke gegen die Benutzung durch Dritte beziehungsweise der Schutz eines als Marke eingetragenen Claims oder Hashtags gegen die Verwendung von ähnlichen und/oder verwechslungsfähigen Claims hängt wesentlich davon ab, wie hoch die „Kennzeichnungskraft" eines Claims oder Hashtags ist. Die Kennzeichnungskraft kann in erheblichem Umfang dadurch gesteigert werden, dass durch Marketingmaßnahmen und Werbeanstrengungen die Bekanntheit des Claims beziehungsweise Hashtags erhöht wird. Je größer die Bekanntheit des Claims ist, desto umfassender ist der Schutz des Claims beziehungsweise Hashtags gegen eine Verwendung durch Dritte. Wird somit durch Marketinganstrengungen und Werbemaßnahmen ein Claim oder ein Hashtag bei den angesprochenen Verkehrskreisen sehr bekannt, erhöht dies die Kennzeichnungskraft. Durch die Erhöhung der Kennzeichnungskraft kann der Markeninhaber dann ggf. auch gegen die Verwendung eines ähnlichen Claims oder Hashtags vorgehen, gegen den er ohne eine solche Steigerung der Kennzeichnungskraft nicht hätte vorgehen können. Vor diesem Hintergrund ist es für den Schutz eines Claims beziehungsweise Hashtags von hervorgehobener Bedeutung, dass dieser benutzt wird und durch Marketinganstrengungen bei den angesprochenen Verkehrskreisen für die geschützten Waren bekannt gemacht wird. Der Schutz der Claims beziehungsweise Hashtags als Marke ist insofern als Schutz für die Leistung des Markeninhabers zu verstehen, mit denen der Markeninhaber seinen Claim oder Hashtag am Markt platziert und bei den angesprochenen Verkehrskreisen bekannt macht. Je umfassender die Benutzung und Vermarktung des Claims beziehungsweise Hashtags als Herkunftshinweis für die jeweiligen Waren und Dienstleistungen sind, desto umfassender kann sich der Inhaber der Marke gegen die Verwendung ähnlicher beziehungsweise verwechslungsfähiger Claims wehren.

Wichtig ist dabei, dass der Claim beziehungsweise Hashtag *als Herkunftshinweis* verwendet wird. Gerade bei Claims ist es denkbar, dass diese als beschreibender Hinweis verstanden werden. So ist zum Beispiel vorstellbar, den als Marke eingetragenen Claim „Vorsprung durch Technik" in einer Art und Weise zu verwenden, dass er von den angesprochenen Verkehrskreisen als allgemeiner (beschreibender) Hinweis verstanden wird, etwa im Rahmen eines allgemeinen erläuternden Textes, in dem der durch technische Innovation entstandene Vorsprung des jeweiligen Automobil-Herstellers am Markt konkret dargelegt wird. In diesem Kontext kann der Claim „Vorsprung durch Technik" seine Funktion als Herkunftshinweis verlieren und als beschreibend verstanden werden. Es kommt deshalb bei der konkreten Vermarktung des Claims beziehungsweise Hashtags darauf an, dass der Claim von den Verkehrskreisen als Herkunftshinweis verstanden wird. Das kann zum Beispiel dadurch erreicht werden, dass der Claim losgelöst von sonstigem Text, in großer Schrift beziehungsweise isoliert platziert wird. Auch farbliche Abgrenzungen können hilfreich sein. Wird ein Claim an einer Position verwendet, an der Kunden regelmäßig einen Herkunftshinweis erwarten (bei einem Schreiben beziehungsweise in Katalogunterlagen als Titel oben), kann das ein Verständnis als Herkunftshinweis verstärken. Wird zum Beispiel ein Hashtag „#darferdas?" als Aufdruck auf einem T-Shirt verwendet, wird dies eher als ein Element der Kommunikation, nicht jedoch als Herkunftshinweis aufgefasst werden, während die Verwendung des gleichen Claims auf dem Etikett des T-Shirts einen Herkunftshinweis darstellen kann (BGH GRUR 2018, 932 – #darferdas?). Je stärker der Claim durch die konkrete Verwendung als Herkunftshinweis verstanden wird, desto stärker ist die Kennzeichnungskraft dieses Claims als Marke. Das ist insbesondere dann zu berücksichtigen, wenn der Claim einen beschreibenden Hinweis enthält und somit – bezogen auf den jeweiligen Kontext – als beschreibender Hinweis verstanden werden kann.

6.2 Benutzung durch Kunden

Eine Marke schützt nur gegen eine gewerbliche Nutzung des Kennzeichens durch Dritte. Eine Nutzung im privaten Bereich kann nicht untersagt werden. Diese Einschränkung ist insbesondere für Hashtags wichtig. Verwenden Privatpersonen einen markenrechtlich geschützten Hashtag für die Kommunikation mit dem Markeninhaber beziehungsweise mit anderen Kunden des Markeninhabers kann sich der Markeninhaber dagegen nicht wehren, auch wenn der Hashtag genutzt wird, um Kritik an dem Markeninhaber oder seinen Produkten zu üben. Anders ist das selbstverständlich, wenn ein Wettbewerber mit Hilfe eines Hashtags die Produkte des Markeninhabers kritisiert.

6.3 Schutz bei Verwechslungsgefahr

Der Schutz einer Marke bezieht sich auf bestimmte Waren oder Dienstleistungen. Mit Anmeldung einer Marke ist anzugeben, für welche Waren und Dienstleistungen die Marke geschützt sein soll. Die Benutzung einer Marke *außerhalb* des Ähnlichkeitsbereiches zu diesen Waren ist vom Markenschutz nicht erfasst (Besonderheiten gelten für bekannte Marken). Das ist im Hinblick auf Hashtags von entscheidender Bedeutung. Denn der Hashtag „#wirsindmehr" wird zum Beispiel für eine allgemeinpolitische Diskussion genutzt. Wenn ein solcher Hashtag (wenn er eintragungsfähig wäre) zum Beispiel für „Bekleidung" geschützt wäre, könnte der markenrechtliche Schutz keine Nutzung durch Dritte im Rahmen einer allgemeinpolitischen Diskussion, etwa durch Rechtsradikale oder sonstige unerwünschte Gruppierungen, verhindern. Der Schutz könnte dann nur geltend gemacht werden zum Beispiel gegen das Aufbringen des Hashtags auf Bekleidung und den Vertrieb solcher Merchandising-Artikel.

Gemäß § 14 Abs. 2 Nr. 2 MarkenG sowie Art. 9 Abs. 2 b UMV ist eine Marke gegen die Verwendung anderer Kennzeichen geschützt, die bei den angesprochenen Verkehrskreisen die Gefahr von Verwechslungen hervorruft. Der Begriff der „Verwechslungsgefahr" ist ein juristischer Begriff, für den zum einen die Ähnlichkeit der sich gegenüberstehenden Zeichen, zum anderen die Ähnlichkeit der sich gegenüberstehenden Waren und Dienstleistungen und schließlich die Kennzeichnungskraft zu beurteilen sind. Diese drei Aspekte stehen in Wechselwirkung zueinander, sodass zum Beispiel eine höhere Kennzeichnungskraft eine etwas geringere Zeichenähnlichkeit und/oder eine etwas geringere Warenähnlichkeit kompensieren kann, sodass noch eine Verwechslungsgefahr angenommen werden kann. Umgekehrt müssen bei einer geringen Warenähnlichkeit eine hohe Zeichenähnlichkeit und eine erhöhte Kennzeichnungskraft bestehen, um noch eine Verwechslungsgefahr annehmen zu können.

Im Hinblick auf Claims ist zu berücksichtigen, dass diese regelmäßig beschreibende Anklänge beziehungsweise inhaltliche Sachaussagen beinhalten, sodass sie häufig nur eine geringere Kennzeichnungskraft aufweisen. Diese geringere Kennzeichnungskraft kann durch den Umfang der Benutzung und Marketinganstrengungen erhöht werden (siehe Abschn. 6.1). Daneben können im Einzelfall bereits geringfügige Veränderungen eines Claims dazu führen, dass ein Claim nur noch als beschreibender Hinweis verstanden wird. So ist zum Beispiel der Claim „merci, dass es Dich gibt" vor dem Hintergrund der bekannten Marke „Merci" markenrechtlich geschützt. Die leichte Veränderung dieses Claims zu „schön, dass es Dich gibt" hat nach OLG Hamburg, GRUR-RR 2014, 15, zur Folge, dass (mangels Verwendung der bekannten Marke „Merci") ein üblicher Werbespruch entsteht, der keinen Herkunftshinweis mehr darstellt.

Im Regelfall ist es für eine Zeichenähnlichkeit noch nicht ausreichend, wenn eine in dem Claim enthaltene Sachaussage übernommen wird. Entscheidend ist, dass der Claim in seiner Gesamtheit identisch beziehungsweise ähnlich ist. So wird zum Beispiel der Claim „Vorsprung durch Technik" nicht dadurch verletzt, dass ein Wettbewerber in seiner Werbung darauf hinweist, dass seine angebotenen Pkw einen erheblichen Vorsprung in der technischen Ausgestaltung aufweisen. Etwas anderes könnte aber gelten, wenn statt des markenrechtlich geschützten Claims „Vorsprung durch Technik" beispielsweise „Vorsprung durch Leistung" verwendet wird, weil in diesem Fall auch die Art des Claims, die Anordnung der Worte etc. übernommen ist.

Die Verwechslungsgefahr setzt daneben eine Warenähnlichkeit voraus. Markenrechtliche Ansprüche bestehen somit nur dann, wenn ein Claim für identische oder ähnliche Waren benutzt wird. Die Verwendung eines identischen Claims für unähnliche Waren kann markenrechtlich nicht untersagt werden. Eine Ausnahme besteht bei bekannten Marken, bei denen der Schutz der bekannten Marke über den Bereich der ähnlichen Ware hinausgeht und auch solche Waren umfasst, bei denen eine Übertragung des guten Rufes der bekannten Marke möglich ist (vgl Abschn. 6.4). Ein Claim wird aber nur ausnahmsweise eine bekannte Marke sein, dies mag vielleicht für „Quadratisch. Praktisch. Gut." von Ritter Sport oder „die zarteste Versuchung, seit es Schokolade gibt" (Milka) gelten.

Dass der markenrechtliche Schutz eines Claims gegen Übernahme nicht sehr weitgehend ist, ergibt sich aus einer Entscheidung des Landgerichts Bremen aus dem Jahre 2004, in dem eine Verletzung der geschützten Marke „die zarteste Versuchung seit es Schokolade gibt" (Milka) durch Verwendung des Claims des Wettbewerbers Ritter Sport „der sahnigste Genuss, seit es Quadrate gibt" geltend gemacht wurde. Auch wenn der Aufbau des Claims übereinstimmend ist, genügen die Unterschiede im Hinblick auf das Ersetzen von „zarteste Versuchung" durch „sahnigste Genuss" sowie der Hinweis auf die „Quadrate", um eine Verwechslungsgefahr auch bei identischen Waren (Schokolade) auszuschließen.

6.4 Der Schutz bekannter Marken

Der Schutz bekannter Marken geht über den Schutz sonstiger Marken hinaus. Geschützt ist die bekannte Marke nicht nur gegen die Verwendung von Kennzeichnungen, die verwechslungsfähig sind (Abschn. 6.3). Ein zusätzlicher Schutz besteht gegen die Rufausbeutung, und zwar insbesondere dann, wenn die betroffenen Waren und Dienstleistungen (der geschützten Marken und der verwendeten Bezeichnung) nicht ähnlich sind (§ 14 Abs. 2 Nr. 3 MarkenG, Art. 9 Abs. 1 Nr. 3 UMV). Voraussetzung ist eine bekannte Marke. Nach der Rechtsprechung ist eine Marke bekannt, wenn sie einem bedeutenden Teil der betreffenden Verkehrskreise, welche von den Waren oder Dienstleistungen der bekannten Marke betroffen sind, bekannt ist. Das muss durch Berücksichtigung aller

Umstände des Einzelfalls geklärt werden, setzt im Regelfall aber eine Verkehrsbefragung voraus. Zwar verlangt die Rechtsprechung keine konkreten prozentualen Mindestanforderungen an die Bekanntheit bei den angesprochenen Verkehrskreisen, regelmäßig wird man aber eine solche Bekanntheit bei einer Bekanntheit bei 30 % der angesprochenen Verkehrskreise annehmen können.

Der erweiterte Schutz bekannter Marken ergibt sich aus zwei Aspekten. Der Schutz der bekannten Marken ist bereits bei der Beurteilung der Verwechslungsgefahr größer, weil aufgrund der höheren Bekanntheit eine höhere Kennzeichnungskraft besteht, die bei der Beurteilung der Verwechslungsgefahr zur Folge hat, dass bereits ein geringerer Grad an Warenähnlichkeit oder Zeichenähnlichkeit noch eine Verwechslungsgefahr begründen kann.

Der zusätzliche Schutz als bekannte Marke unabhängig von einer Verwechslungsgefahr (§ 14 Abs. 2 Nr. 3 MarkenG, Art. 9 Abs. 1 Nr. 3 UMV) bezieht sich auf die unlautere Ausnutzung oder die Beeinträchtigung des guten Rufs der bekannten Marke. Dies setzt keine Verwechslungsgefahr voraus und kann Ansprüche begründen, selbst wenn die betroffenen Waren oder Dienstleistungen (der geschützten Marke und der angegriffenen Kennzeichnung) nicht ähnlich sind. Voraussetzungen sind aber das Bestehen eines guten Rufs und die Übertragung dieses guten Rufs auf die betroffenen Waren oder Dienstleistungen. Das Krokodilzeichen von Lacoste ist zum Beispiel als bekannte Marke für Bekleidung anzusehen. Auch wenn Bettbezüge wohl als unähnlich mit Bekleidung angesehen werden dürften, erscheint es naheliegend, dass die angesprochenen Verkehrskreise den guten Ruf, den sie mit dem Krokodilzeichen für Bekleidung verbinden, auf Bettbezüge übertragen. Es handelt sich ebenfalls um Stoffe. Anders wäre dies vermutlich bei der Verwendung eines Krokodilzeichens für spezielle technische Öle. Dort dürfte vermutlich keine Übertragung des guten Rufs stattfinden.

Bei Claims dürfte es sich nur in seltenen Fällen um bekannte Marken handelt. Das kann wohl nur für äußerst wenige Claims angenommen werden. Bei Hashtags ist zu beachten, dass selbstverständlich bekannte Marken als Hashtag Verwendung finden. In diesem Umfang kann die Verwendung des Hashtags durch andere Unternehmen in größerem Umfang, also auch gegenüber unähnlichen Waren, in Betracht kommen, wenn eine Übertragung des guten Rufs möglich ist. Einen Schutz gegen eine private, nicht geschäftliche Nutzung eines Hashtags gibt es aber auch bei bekannten Marken nicht. Auch eine bekannte Marke schützt nur gegen die Nutzung einer Kennzeichnung durch Dritte im geschäftlichen Verkehr.

6.5 Die beschreibende Verwendung eines Claims oder Hashtags

Der Schutz einer Marke ist gemäß § 23 MarkenG und Art. 12 UMV eingeschränkt, soweit die Verwendung eines Zeichens *in der konkreten Art und Weise* als allgemeiner Hinweis auf Eigenschaften einer Ware oder Dienstleistung beziehungsweise sonstige Merkmale der Waren oder Dienstleistungen verstanden werden kann. Diese Einschränkung korrespondiert mit dem in Abschn. 5.2.1 abgehandelten Eintragungshindernis der fehlenden Kennzeichnungskraft. Es unterscheidet sich aber insofern, als es um die Verwendung einer Bezeichnung in einem konkreten Kontext geht. Auch wenn der Claim als Marke grundsätzlich eintragungsfähig sein kann, kann es dennoch sein, dass die konkrete Art und Weise der Verwendung durch einen Dritten rein beschreibend ist. Ist dies der Fall, kann sich der Markeninhaber gegen eine solche Verwendung gemäß § 23 MarkenG beziehungsweise Art. 12 UMV nicht wehren und eine solche Verwendung nicht verhindern. So ist zum Beispiel die Bezeichnung „Mozart-Torte" als beschreibende Verwendung angesehen worden, obwohl die Marke „Mozart" für Back- und Süßwaren eingetragen war. Das OLG Hamburg, GRUR-RR 2004, 15, hat eine Verletzung des markenrechtlich geschützten Claims „merci, dass es Dich gibt" durch den angegriffenen Claim „schön, dass es Dich gibt" auch deshalb abgelehnt, weil es sich bei „schön, dass es Dich gibt" um eine übliche Formulierung handelt, die nicht als Herkunftshinweis verstanden wird.

6.6 Die Benutzung von Hashtags

Hashtags sind ein modernes Kommunikationsmittel, über welches inzwischen in großem Umfang von Unternehmen Werbung präsentiert und mit Kunden kommuniziert wird. Es bietet sich daher an, Claims oder sonstige Marken auch als Hashtag zu verwenden. Dabei ist freilich zu berücksichtigen, dass auch bei Bestehen eines markenrechtlichen Schutzes die Verwendung des Claims oder der Marke als Hashtag durch Dritte von dem Markeninhaber nur begrenzt kontrolliert werden kann.

Eine Marke schützt nur gegen die gewerbliche Nutzung eines identischen oder verwechslungsfähigen Zeichens. Die Nutzung einer Marke durch Private kann über das Markenrecht nicht verhindert werden. Auch wenn somit über einen markenrechtlichen Schutz verhindert werden kann, dass ein Wettbewerber einen markenrechtlich geschützten Claim oder eine sonstige Marke als Hashtag für ähnliche oder identische Waren verwendet, hat der Markeninhaber keine Kontrolle darüber, was private Kunden oder sonstige Privatpersonen unter Verwendung eines Claims oder einer Marke als Hashtag veröffentlichen. Über das Markenrecht kann somit nicht verhindert werden, dass Kunden oder sonstige Private sich kritisch zu Produkten äußern und dadurch die Werbewirkung des Hashtags beseitigen oder den Hashtag gar in ein Organ der Kritik an dem Unternehmen „umfunktionieren". Ein rechtlicher Schutz hiergegen besteht nicht, insbesondere nicht auf Grundlage eines Markenschutzes für den Claim oder einer sonstigen Marke. Das Unternehmen kann nur durch eigene Kommunikation hierauf reagieren mit dem Ziel, die Kritik über das Hashtag einzugrenzen.

Ein Unternehmen kann trotz markenrechtlichen Schutzes ebenfalls nicht verhindern, dass ein anderes Unternehmen den Hashtag für unähnliche Waren verwendet, sofern nicht dem Claim oder der Marke als bekannte Marke ein erweiterter Schutz gegen Rufausbeutung zukommt. Im Regelfall kann somit nicht verhindert werden, dass sich Informationen zu unähnlichen Waren durch Verwendung des identischen Hashtags vermischen. Diese erhebliche Entwertung des Hashtags lässt sich nur dadurch begrenzen, dass durch eigene Veröffentlichungen über das Hashtag fremde Inhalte zurückgedrängt werden.

Alternative Schutzformen für Claims und Hashtags 7

> **Zusammenfassung**
>
> Neben dem vorrangigen Schutz von Claims als Marke kommen grundsätzlich auch alternative Schutzformen in Betracht. Im Vordergrund steht dabei ein urheberrechtlicher Schutz. Daneben ist ein wettbewerbsrechtlicher Schutz gemäß § 4 Nr. 3 a) oder b) UWG denkbar. Ein solcher Schutz ist aber nur in Ausnahmefällen unter besonderen Umständen denkbar.

7.1 Urheberrechtlicher Schutz

Die Bedeutung des urheberrechtlichen Schutzes für Claims dürfte auf Basis der seit Einführung des neuen Markengesetzes im Jahre 1995 erleichterten Eintragungsfähigkeit von Claims als Marke an Bedeutung verloren haben. So ist es nicht verwunderlich, dass sich Entscheidungen zu einem urheberrechtlichen Schutz von Claims im Wesentlichen in sehr alten Urteilen finden (siehe zum Beispiel OLG Köln, GRUR 1934, 758 – Biegsam wie Frühlingsfalter bin ich im Forma-Büstenhalter). Denkbar ist ein urheberrechtlicher Schutz für Claims insbesondere dort, wo keine Marke angemeldet worden ist und keine Benutzungsmarke, die Verkehrsgeltung erfordert, nachgewiesen werden kann. Auch wenn der BGH (GRUR 2012, 58 – Seilzirkus, s. auch EuGH GRUR 2019, 1185 – Cofemel) generell die Anforderungen an einen urheberrechtlichen Schutz gesenkt hat, kommt ein urheberrechtlicher Schutz für Claims nur dann in Betracht, wenn der Claim als „künstlerisches Werk" angesehen werden kann. Das erfordert eine geistige Schöpfung, welche in der Praxis nur ausnahmsweise in Betracht kommen dürfte. Der Claim „Thalia verführt zum Lesen" ist vor diesem Hintergrund nicht als urheberrechtsschutzfähig angesehen worden (LG Mannheim, GRUR-RR 2010, 462). Ebenso ist der Claim „find your own arena" für Sportbekleidung vom Landgericht München (ZUM 2001, 722) als nicht urheberrechtschutzfähig angesehen worden.

Wenn ein urheberrechtlicher Schutz für einen Claim besteht, hat dies zur Folge, dass der Schutz weitergehend ist als bei einer Marke. Denn eine Marke schützt nur gegen die Verwendung des Claims bei identischen oder ähnlichen Waren (Abschn. 6.3). Der urheberrechtliche Schutz ist demgegenüber unbeschränkt und verhindert eine Nutzung durch jeden anderen Wettbewerber unabhängig von der konkreten Ware, für die der Claim benutzt wird.

7.2 Wettbewerbsrechtlicher Schutz

Der Schutz eines Claims ist grundsätzlich auch über Vorschriften des UWG, insbesondere § 4 Nr. 3 UWG, möglich. Danach ist es unlauter, Waren oder Dienstleistungen anzubieten, die eine Nachahmung von Waren oder Dienstleistungen eines Mitbewerbers darstellen, wenn dabei eine vermeidbare Täuschung der Abnehmer über die betriebliche Herkunft entsteht. Diese Regelung kann auch auf die Übernahme von Kennzeichen angewendet werden. Voraussetzung ist freilich, dass durch die Übernahme eines Kennzeichens, also auch eines Claims, eine Täuschung der angesprochenen Verkehrskreise über die Herkunft der jeweiligen Waren oder Dienstleistungen entsteht. Das wird nur ausnahmsweise in Betracht kommen. Insbesondere ist bei solchen wettbewerbsrechtlichen Ansprüchen zu berücksichtigen, dass nach der neueren Rechtsprechung in vielen Fällen ein „aufklärender Zusatz" durch klare und eindeutige Bezugnahme auf den eigenen Unternehmensnamen ausreicht, um mögliche Verwechslungen bei den Verkehrskreisen zu vermeiden (BGH GRUR 2019, 196, Rn. 19 – Industrienähmaschinen). In der Praxis hat daher die Regelung des § 4 Nr. 3 UWG für den Schutz von Kennzeichen und Claims bislang keine große Rolle gespielt.

7.3 Eintragung von Domains für Claims

Neben dem markenrechtlichen Schutz für Claims ist es sinnvoll, die Claims oder Hashtags auch als Domain einzutragen und die Domains zu registrieren. Dadurch wird verhindert, dass Wettbewerber oder Dritte die Domains anmelden und gegebenenfalls für andere Waren und Dienstleistungen verwenden. Da sich der Markenschutz nur auf die

7.3 Eintragung von Domains für Claims

jeweils angemeldeten Waren und Dienstleitungen bezieht (vgl. Abschn. 6.3), kann der Inhaber einer Marke gegen die Verwendung eines Claims für andere Waren, die den angemeldeten Waren und Dienstleistungen nicht ähnlich sind – keine Rechte herleiten. Um somit im Internet sicherzustellen, dass Suchanfragen, welche sich auf Claims oder Hashtags beziehen, nur zu dem eigenen Unternehmen beziehungsweise dem eigenen Produkt führen, ist es sinnvoll, nicht nur eine Top-Level-Domain (zum Beispiel „.de") anzumelden, sondern den Claim bezogen auf alle gängigen Top-Level-Domains zu registrieren („.de", „.com", „.eu", „.biz" etc.).

Die Registrierung von Domains bietet sich auch dann an, wenn ein markenrechtlicher Schutz für den Claim oder Hashtag nicht möglich ist. Gerade dann kann durch Registrierung des Claims oder Hashtags bezogen auf sämtliche relevanten Top-Level-Domains sichergestellt werden, dass der Claim oder Hashtag jedenfalls im Internet nicht von anderen Wettbewerbern verwendet wird. Wenn ein markenrechtlicher Schutz des Claims oder Hashtags nicht in Betracht kommt, schließt dies die Anmeldung von Domains nicht aus. Vor allem existiert kein rechtlicher Grundsatz, dass ein Unternehmen dann, wenn ein markenrechtlicher Schutz nicht erlangt werden kann, eine Domain nur für eine Top-Level-Domain registrieren darf. Auch wenn es sich um rein beschreibende Bezeichnungen handelt, darf ein Unternehmen eine solche Bezeichnung für alle relevanten Top-Level-Domains registrieren (wirkaufendeinauto.de/.com/.eu/.biz/etc.). Insofern gilt das Prinzip „first come, first served".

Der BGH hat hinsichtlich von nicht schutzfähigen Internet-Domains sogar festgestellt, dass im Einzelfall ein Schutz über die Grundsätze des unlauteren Wettbewerbs erlangt werden kann, wenn durch Anmeldung einer typischen „Tippfehler-Domain" die durch erhebliche Werbeanstrengungen (Werbeaufwand) erreichte Bekanntheit beziehungsweise die dadurch erreichten Besucherzahlen bewusst abgefangen werden sollen. Nach der Entscheidung BGH, GRUR 2014, 393 – wetteronline, war daher die Anmeldung der Domain „wetteronlin.de" eine unlautere Störung der durch erhebliche Bewerbung und Benutzung bekannt gemachten Domain „wetteronline.de", auch wenn ein markenrechtlicher Schutz für „wetter online" nicht in Betracht kommt.

Irreführung durch Claims und Hashtags 8

> **Zusammenfassung**
>
> Unabhängig von der Frage, ob ein Schutz eines Claims beziehungsweise Hashtags als Marke (oder anderer Schutzformen wie Urheberrecht) erlangt wird, kann sich die Frage stellen, ob die Verwendung eines Claims oder Hashtags rechtlich zulässig ist. Die Verwendung eines Claims kann unter anderem dann unzulässig sein, wenn die in dem Claim oder Hashtag enthaltene Aussage über das beworbene Produkt unzutreffend und damit irreführend gemäß § 5 UWG ist. Unzutreffend und irreführend können vor allem sogenannte „Spitzenstellungsbehauptungen" oder „Alleinstellungsbehauptungen" sein.

8.1 Irreführende Alleinstellungs- beziehungsweise Spitzenstellungsbehauptung

Ergibt sich aus dem konkreten Claim beziehungsweise Hashtag eine inhaltliche Behauptung in der Art, dass das beworbene Produkt „das beste am Markt" ist beziehungsweise „zu den besten Produkten am Markt" gehört, liegt eine „Alleinstellungsbehauptung" beziehungsweise eine Spitzenstellungsbehauptung vor. Eine „Alleinstellungsbehauptung" liegt vor, wenn eine Ware bezüglich einer Eigenschaft als „beste am Markt" bezeichnet wird. Eine „Spitzenstellungsbehauptung" ist die Behauptung, eine Ware gehöre „zu den besten", gehöre somit zu der Spitzengruppe der vergleichbaren Waren. Eine „Alleinstellungsbehauptung" beziehungsweise eine „Spitzenstellungsstellungsbehauptung" kann sich auf konkrete Eigenschaften der Ware (höchste Qualität, niedrigster Preis etc.) beziehen. Alleinstellungs- beziehungsweise Spitzenstellungsbehauptungen unterliegen besonders strengen Anforderungen. Die Rechtsprechung verlangt, dass sowohl eine „Alleinstellung" als auch eine „Spitzenstellung" über einen gewissen Zeitraum und mit einem deutlichen Vorsprung gegenüber anderen Produkten vorhanden ist. Bloß geringfügige Unterschiede zu den Wettbewerbsprodukten rechtfertigen eine Alleinstellungs- beziehungsweise Spitzenstellungsbehauptung nicht. Daneben ist bei solchen Alleinstellungs- beziehungsweise Spitzenstellungsbehauptungen zu berücksichtigen, dass derjenige, der solche Behauptungen aufstellt, die für die Überprüfung der Aussagen erforderlichen internen Informationen vorlegen muss, was in der Sache eine Umkehr der Darlegungs- und Beweislast zur Folge hat (Köhler/Bornkamm/Feddersen, § 5 UWG, Rn. 1157). Als Alleinstellungs- beziehungsweise Spitzenstellungswerbung werden regelmäßig angesehen die Verwendung eines Superlativs („das größte Versandhaus", „die beste Zigarette", „der meistverkaufte Europas"). In gleicher Weise ergibt sich dies aus einem negativen Komparativ, wie zum Beispiel „Keiner ist schneller", „es gibt nichts besseres" oder „unerreichbar". Daneben verweist regelmäßig ein bestimmter Artikel auf eine solche Allein- beziehungsweise Spitzenstellung („das große deutsche Wörterbuch" oder „die große Zeitung Bielefelds").

8.2 Weitere Irreführungen

Unabhängig von den bereits erläuterten Alleinstellungs- beziehungsweise Spitzenstellungsbehauptungen ist gemäß § 5 UWG auch jede andere unzutreffende Angabe über Waren und Dienstleistungen irreführend, sofern die unzutreffende Angabe geeignet ist, die angesprochenen Verkehrskreise in ihrer geschäftlichen Entscheidung zu beeinflussen. Unzutreffend und irreführend sind Claims oder Hashtags somit dann, wenn durch den Claim oder Hashtag eine Eigenschaft von Waren oder Dienstleistungen suggeriert wird, die tatsächlich nicht vorhanden ist. Enthält der Claim oder Hashtag somit eine Angabe zu Eigenschaften von Waren oder Dienstleistungen, ist eine solche Angabe nur zulässig, wenn sie auch zutreffend ist. Als irreführend wird freilich nicht angesehen, wenn ein Claim oder Hashtag „nicht ernst gemeinte Übertreibungen" enthält, welche keinen sachlichen Hintergrund erkennen lassen. Entscheidend ist insofern aber, wie die angesprochenen Verkehrskreise die jeweilige Aussage verstehen. So enthält zum Beispiel die Anpreisung „die schönsten Blumen der Welt" keine nachprüfbare Sachaussage, weil es im Wesentlichen um eine ästhetische Wertung geht. Ähnliches gilt für Aussagen wie „schönster Aussichtspunkt der Mosel" oder „Mutti gibt mir immer nur das Beste" zur Anpreisung für eine Fertignahrung. Die Abgrenzung zu einer konkreten Sachaussage kann im Einzelfall schwierig sein.

Fazit 9

> **Zusammenfassung**
>
> Dieses Kapitel fasst das Buch am Ende noch einmal zusammen und zieht ein Fazit. Es werden darüber hinaus Tipps und Learnings aus den vorangegangenen Kapiteln zusammengestellt und für die Anwendungspraxis auf den Punkt gebracht.

Dieses Buch fasst die Bedeutung und Einsatzmöglichkeiten von Claims, Slogans und Hashtags in der Markenführung umfassend zusammen. Es wurden Einblicke in die Entwicklung und Implementierung wirksamer Claims gegeben, der Prozess des Claimings wurde dargestellt und die rechtlichen Aspekte des markenrechtlichen Schutzes von Claims, Slogans und Hashtags wurden erläutert. Darüber hinaus wurden die Verwendung von Hashtags im Markenmanagement beleuchtet. Strategien zum Schutz gegen unbefugte Nutzung durch Dritte sowie alternative Schutzformen wurden diskutiert. Ferner wurde der markenrechtliche Schutz von Claims, Slogans und Hashtags untersucht, und es wurden Strategien und Maßnahmen zur Durchsetzung dieses Schutzes gegen unbefugte Nutzung durch Dritte erörtert. Schließlich wurden alternative Schutzformen jenseits des Markenrechts sowie die Problematik der Irreführung durch Claims und Hashtags behandelt, einschließlich rechtlicher Anforderungen und möglicher Konsequenzen bei irreführender Werbung.

- Es gibt nicht nur gute, schlechte oder überflüssige Claims – es gibt vor allem unpassende Claims.
- Wählen Sie einen Claim, der zu Ihrem Unternehmen passt und der sich möglichst markenrechtlich schützen lässt. Grundsätzlich aber gilt: Besser kein Claim als ein schlechter oder unpassender Claim …
- Prüfen Sie, ob Ihr Claim entweder aufgrund der Sprache, aufgrund sprachlicher Stilmittel oder schlimmstenfalls aufgrund seiner Historie zu vermeiden ist.
- Vermeiden Sie Plattitüden, häufige Schlüsselwörter oder pauschale Wortzusammenstellungen und umgehen Sie statistische Spitzenreiterwörter.
- Ein Claim muss etwas Besonderes, Unverwechselbares und Einmaliges sein. Er kommuniziert im Sinne der Markenführung Ihre USP. Er muss als stimmig wahrgenommen werden und glaubwürdig sein.
- Achten Sie beim Wechsel eines Claims auf die sensible Weiterführung der Marke.
- Aus dem Claim leitet sich möglicherweise auch einer der Hashtags Ihres Unternehmens oder Ihrer Marke ab. Achten Sie darauf, dass Sie bei allen zum Einsatz kommenden Hashtags eine treffsichere Formulierung wählen. Bereiten Sie sich auf mögliche Hijackings und Shitstorms vor.
- Der Aufbau eines stakeholderspezifischen Hashtag-Pools ist ein sinnvolles Hilfsmittel, um im Arbeitsalltag schnell die richtigen Hashtags auszuwählen.
- Richtig ausgewählt und strategisch eingesetzt können Kampagnen-Hashtags als effektives Instrument in Marketing und Kommunikation genutzt werden, um die Interaktion mit der Zielgruppe zu intensivieren und die öffentliche Wahrnehmung zu beeinflussen.

If you have any concerns about our products,
you can contact us on
ProductSafety@springernature.com

In case Publisher is established outside the EU,
the EU authorized representative is:
**Springer Nature Customer Service Center GmbH
Europaplatz 3, 69115 Heidelberg, Germany**

Printed by Libri Plureos GmbH
in Hamburg, Germany